Droemer
Knaur®

Kirschners Lebensschule

So plant man
sein Leben richtig

So lernt man,
sich selbst zu lenken

So wehrt man sich
gegen Manipulation

So hat man
mehr Spaß am Sex

Josef Kirschner

So wehrt man sich gegen Manipulation

Strategie und Technik, im Alltag erfolgreich zu sein

Droemer Knaur

1. Auflage

Umschlaggestaltung: R.O.S. München
Satz: acomp, Wemding
Druck und Einband:
Freiburger Graphische Betriebe
Printed in Germany
ISBN 3-426-26156-1

Josef Kirschner, Autor der Buchreihe »Lebensschule« beschäftigt sich seit 30 Jahren mit der Frage: »Was kann jeder von uns selbst tun, um an jedem Tag seines Lebens ein Höchstmaß an persönlichem Glück und Erfolg zu erringen?«

Lebensstrategien und Verhaltenstechniken, die er seinen Lesern empfiehlt, hat er in diesen Jahren mit maximalem Erfolg an sich selbst erprobt. Er war Magazinarbeiter, Reporter, Chefredakteur. Er besuchte als Gast Henry Kissingers die amerikanische Harvard University und war Lehrbeauftragter an der Universität in Wien.

Kirschner präsentierte in der erfolgreichen österreichischen Sendereihe »Tritsch Tratsch« eine neue Form der Fernsehunterhaltung. Als er nach 50 Sendungen zum Bedauern des Publikums abtrat, meinte er: »Wenn man eine Sache zum Höhepunkt gebracht hat, sollte man nach neuen Herausforderungen suchen.«

Josef Kirschner, Jahrgang 1931, verheiratet, Vater von zwei Söhnen, lebt in Wien und auf einem kleinen Bauernhof im Burgenland. Er berät Leistungssportler, Manager und Medien. Mit Psychologen gründete er in dem Kurort Bad Tatzmannsdorf eine »Lebensschule«. Dort trainiert er in Seminaren mit den Teilnehmern das glückliche Leben im Alltag und Techniken der Problembewältigung.

Von Josef Kirschner erschienen bisher bei Droemer Knaur:
- Manipulieren – aber richtig
- Die Kunst, ein Egoist zu sein
- Hilf dir selbst, sonst hilft dir keiner
- Die Kunst, ohne Überfluß glücklich zu sein
- Die Kunst, ohne Angst zu leben

Gesamtauflage über zwei Millionen

Josef Kirschners Bücher wurden bis jetzt in sechs Ländern verlegt.

Lieber Leser!

Es mag übertrieben klingen, im Umgang mit seinen Mitmenschen von Angriff und Abwehr zu sprechen. Schließlich haben wir von Kindheit an gelernt, daß alle Menschen freundlich und entgegenkommend zueinander sein sollten. Wir müßten, so wurden wir belehrt, zuerst an das Wohl des anderen denken und Vorgesetzten gegenüber respektvoll sein.

Wenn Sie mit der Befolgung solcher Prinzipien in Ihrem bisherigen Leben erfolgreich und glücklich waren, brauchen Sie diesen Band der Lebensschule nicht.

Wenn es Sie allerdings beunruhigt, ständig von anderen Menschen ausgenützt, manipuliert und bei der Entfaltung Ihrer individuellen Persönlichkeit eingeschränkt zu werden, dann finden Sie hier nützliche Anregungen, was Sie dagegen unternehmen können.

Die vorliegende Anleitung zur Abwehr manipulativer Angriffe unserer Mitwelt geht davon aus, daß unsere Freiheit von vielen Gegnern bedroht wird:

- Die Werbung will uns dazu verleiten, angepriesene Produkte zu kaufen. Auch dann, wenn wir sie gar nicht brauchen.
- Kollegen sind auf uns eifersüchtig, wenn wir besser sind als sie oder mehr Geld bekommen. Kein Wunder, daß sie uns gelegentlich ein Bein stellen, um sich auf unsere Kosten selbst ins rechte Licht zu rücken.

- Ehepartner, auch wenn sie einander mögen, kämpfen ständig um die bessere Position in der Partnerschaft oder den Kindern gegenüber.
- Vorgesetzte versäumen es nicht, uns von Zeit zu Zeit Angst zu machen, um damit unseren Ehrgeiz zu wecken.

Solche und viele andere Angriffe sind Bestandteil unseres täglichen Lebens. Wenn wir nicht darauf vorbereitet sind, macht unsere Mitwelt mit uns, was sie will.

Im vorliegenden Band der Lebensschule lernen Sie Einstellung, Strategie und Techniken kennen, sich gegen die vielfältigen Versuche der Manipulation durch Ihre Mitwelt zur Wehr zu setzen. Von Lektion zu Lektion können Sie schrittweise Ihre Fähigkeiten entwickeln und praktisch trainieren.

Ein wichtiger Hinweis, aus diesem Band für sich den größten Nutzen zu ziehen

Dieser Band der Lebensschule ist kein Lesebuch. Er ist eine Trainingsanleitung.

Sie sollen nicht nur darüber lesen, wie Sie sich gegen die Manipulation der Mitwelt erfolgreich wehren können. Sie werden vor allem dazu angeregt, Ihre Erkenntnisse und Fähigkeiten schrittweise zu erweitern. Durch Einüben.

Dabei sind Sie Ihr eigener Lehrer.

Sie selbst stellen sich Aufgaben und kontrollieren den Erfolg. Sie ziehen aus Fehlschlägen die Folgerungen zur Verbesserung Ihrer Vorgangsweisen.

Drei Stufen der Entwicklung werden angeregt:

1. Stufe: Sie erkennen, was Sie tun können.
2. Stufe: Sie entscheiden sich konkret, was Sie wollen, und identifizieren sich damit.
3. Stufe: Sie trainieren, was Sie tun wollen. Und zwar so lange, bis es zu einem selbstverständlichen Bestandteil Ihres Verhaltens geworden ist.

Über Erfolg oder Mißerfolg Ihrer Bemühungen entscheidet die richtige Planung und Selbstkontrolle.

Deshalb ist es unbedingt notwendig, daß Sie beides schriftlich festhalten. In einem Arbeitsheft. Führen Sie während der gesamten Zeit des Studiums dieser Anleitung darin über Ihr Vorgehen Buch.

Ihre Ideen, Erkenntnisse, Pläne und Erfolge schriftlich festzuhalten, hat verschiedene Vorteile:

- Was Sie aufgeschrieben haben, können Sie nicht vergessen.
- Der Vorgang des Aufschreibens hilft Ihnen, ein Problem gründlicher zu klären, als wenn Sie nur versuchen, es im Gedanken zu tun.
- Schriftlich festgehaltene Pläne und Ziele können Sie nicht mehr dazu verleiten, später schwache Kompromisse mit sich selbst zu schließen. Denn oft setzen wir uns heute die höchsten Ziele, morgen aber – wenn unsere Begeisterung nachläßt und die Bequemlichkeit zunimmt – bleiben nur mehr Alibihandlungen übrig.

Wenn wir gestern aufgeschrieben haben, *was* wir heute tun sollen, *wie* wir es erreichen können und *warum* es uns wichtig erscheint, können wir uns heute nicht davor drücken.

Über unser Verhalten Buch zu führen, ermöglicht es auch, unsere Erfahrungen und Erfolge nachzulesen, wenn wir in einer Krise Ermunterung brauchen.

Deshalb ist das Arbeitsheft wichtig. Damit Sie beim Lesen jederzeit jede Anregung aufschreiben und eigene Ideen schriftlich weiterentwickeln können.

Ihr Arbeitsheft und die schriftliche Selbstkontrolle ersetzen Ihnen einen Lehrer. Schließlich sind die meisten von uns daran gewöhnt, vorwiegend unter Druck von Vorgesetzten zu arbeiten. Nach vorgeschriebenen Normen. Nach feststehenden Terminen. In der Konkurrenz mit anderen.

Die vorliegende Anleitung zwingt Sie zu nichts.

Sie versucht nur, Sie ständig zum Weitermachen anzuregen und so kleine Erfolge zu erzielen und Spaß daran zu finden.

Vielleicht lernen Sie durch diese Methode, in Zukunft zielstrebiger mit sich selbst umzugehen. Sich selbst zu disziplinieren, statt sich nur von anderen unter Druck setzen zu lassen.

Schließlich ist es besser, sich selbst zu lenken, um so zu werden, wie man sein möchte, als ständig immer nur von anderen nach deren Vorstellungen manipuliert zu werden.

Vergessen Sie nicht: Das Arbeitsheft hilft Ihnen dabei.

Erste Lektion

Hören Sie endlich auf zu glauben, diese Welt bestünde vorwiegend aus lieben, freundlichen Menschen, die nur Ihr Bestes wollen.

Sie wollen das Beste. Aber für sich selbst.

Ehe Sie Abwehrmaßnahmen gegen die Manipulation durch Ihre Mitwelt ergreifen können, sollten Sie aufhören, sich über Ihre Mitwelt Illusionen zu machen.

Viele Menschen wissen ganz genau, daß sie von einem Partner manipuliert, vielleicht sogar erpreßt werden. Aber sie gestehen es sich nicht ein. Oder sie finden hundert freundliche Entschuldigungen, weil sie vor der Wirklichkeit Angst haben.

Sie sagen nicht konkret: »X nützt mich aus, das ist die harte Realität, der ich ins Auge schauen muß.« Sie sagen vielmehr: »X nützt mich aus, ich weiß es ja. Aber im Grunde genommen ist er ein netter Mensch, für den man Verständnis haben muß.«

Dieser Selbstbetrug bringt sie ständig in Schwierigkeiten. Sie belügen sich selbst.

In bestimmten Phasen der Beziehung zum anderen werden Sie denken: »Ich halte das nicht mehr aus, ich lasse es mir jetzt nicht mehr gefallen. Aber letzten Endes bin ich dann doch zu schwach, um entschlossen ›Nein‹ zu sagen.«

Ist es nicht so? Kennen Sie diese Situation nicht aus eigener Erfahrung?

Zwei Schritte können Sie tun, um sich aus diesem Zwiespalt zu lösen:

- Sie müssen eine Entscheidung fällen und diese schriftlich festhalten. Es soll eine eindeutige Entscheidung sein, wie Sie sich in Zukunft verhalten wollen.
- Sie müssen konkret darangehen, die Verwirklichung dieser Entscheidung Schritt für Schritt einzuüben.

Beginnen Sie deshalb jetzt damit, sich Klarheit über Ihre Mitwelt zu verschaffen. Über die Menschen, mit denen Sie in Ihrem Alltag zu tun haben.

Freunden Sie sich mit der Realität an, statt sie weiter zu leugnen und als Belastung vor sich herzuschieben.

Freunden Sie sich mit der Realität an, daß jeder sich selbst am nächsten steht und Sie dazu benützen will – falls Sie es zulassen –, seinen Vorteil wahrzunehmen. Wenn es notwendig erscheint, auch zu Ihrem Schaden.

Vielleicht stört es Sie gar nicht, gelegentlich von jemandem manipuliert zu werden. Dann aber sollten Sie selbst aus freier eigener Überlegung darüber entscheiden. Statt sich dem anderen, der ja ein Gegner in dieser manipulativen Auseinandersetzung ist, arglos und hilflos auszuliefern.

Nehmen Sie deshalb jetzt Ihr Arbeitsheft zur Hand und schreiben Sie oben auf eine Seite die Frage:

Wer will was von mir?

Untersuchen Sie diese Frage wertfrei.

Gehen Sie nicht mit der Einstellung daran: Wo sind die bösen Leute, die mich ausnützen wollen?

Nehmen Sie vielmehr zur Kenntnis, daß wir alle ganz gerne jemanden zu unserem Vorteil ausnützen. Es ist natürlich, daß jeder Mensch zuerst an sich selbst denkt.

Wenn Ihnen jetzt in den Sinn kommt, daß ja die meisten Menschen nett sind, und daß wir alle freundlich und zuvorkommend sein sollen – dann untersuchen Sie diese Behauptung einmal gründlich.

Geben Sie sich nicht damit zufrieden, daß »man« nett sein soll. Oder daß »es ja so sein sollte«.

Wenn Sie zweifeln: Gehen Sie den folgenden Fragen unvoreingenommen auf den Grund und stellen Sie konkret die Überlegungen an:

- Ist meine Mitwelt wirklich nett zu mir?
- Will mich wirklich niemand ausnützen?
- Ist mein Alltag wirklich friedlich, oder ist es nicht in Wahrheit ein harter Kampf der Selbstbehauptung?
- Muß ich nicht an jedem Tag mit meiner Mitwelt kämpfen, um mir meine Freiheit, meine Persönlichkeit, meine Selbstachtung und vieles mehr zu erhalten?

Weichen Sie keiner dieser Fragen aus.

Gestehen Sie sich die Realität ein. Sie tun es nur für sich und nur sich selbst gegenüber. Sie brauchen also vor niemandem als wohlmeinender Nachbar, Kollege oder Ehepartner dazustehen.

Machen Sie sich selbst nichts vor und beginnen Sie damit, die Realität des Lebens so zu sehen, wie sie ist. Nicht, wie sie sein sollte, weil »man« sagt, daß sie so sein muß, wie sie sein soll.

Klären Sie die oben angeführten vier Punkte wirklich gründlich.

Sich gegen die Manipulationen durch die Mitwelt zu verteidigen kann nur erfolgreich sein, wenn Sie es aus einer klaren, starken Position heraus tun.

Das heißt: Sie müssen konsequent erkennen und es sich konsequent eingestehen, wer Sie wozu manipulieren will.

Wenn Sie also die vier angeführten Punkte so geklärt haben, daß keine Zweifel mehr bestehen, sollten Sie darangehen, sich mit der Frage zu beschäftigen:

Wer will was von mir?

Tun Sie es schriftlich. Gleich von Anfang an. Schieben Sie es nicht auf, nur weil es für Sie vorerst unangenehm ist, etwas einzugestehen, was Sie vielleicht jahrelang geflissentlich verdrängt haben.

Beginnen Sie mit einer Namensliste. Schreiben Sie die Namen aller Menschen auf, mit denen Sie in Ihrem Alltag zu tun haben, und lassen Sie unter jedem Namen genug Platz für Anmerkungen. Lassen Sie niemanden aus!

Ein Beispiel:

- Mein Mann (Was will er von mir? Wie nütze ich ihm? Welche Vorteile hat er durch mich?)

Vergessen Sie nicht: Stellen Sie sich die Frage ohne Verbitterung, ohne Enttäuschung, ohne böse Absicht.

Überlegen Sie nicht, ihm später vorzuhalten, daß er Sie ausnützt. Tun Sie das nicht.

Sie sollen vorerst nur lernen, die Realität Ihrer Beziehung zu Ihrer Mitwelt zu erkennen. Machen Sie sich also daran, eine Namensliste zu erstellen:

- Meine Frau
- Mein Kind

- Mein Chef
- Mein Kollege A
- Meine Kollegin B
- Meine Untergebenen
- Mein Arzt
- Mein Nachbar
- Mein Freund C
- Meine Schwiegermutter

Und so weiter. Lassen Sie niemanden aus.

Schreiben Sie auf, was jeder einzelne von Ihnen will. Welche Vorteile er durch Sie hat. Und wie er davon Gebrauch macht.

Das ist die erste Übung dieser Anleitung.

Sie sollen dadurch lernen, Ihre Mitmenschen danach einzuschätzen, was sie von Ihnen wollen und in welcher Weise sie versuchen, es von Ihnen zu bekommen.

Ehe Sie das nicht klar und offen erkennen, können Sie auch keine Maßnahmen zum Selbstschutz ergreifen.

Verstehen Sie die Absicht dieser Lektion?

Sind Sie damit einverstanden?

Wenn Sie zweifeln, ob das alles auch so ist, wie es hier dargestellt wird, sollten Sie diese Zweifel nicht übergehen.

Es geht schließlich nicht darum, daß Sie sich unsere Ansicht aufdrängen lassen. Wir möchten Sie ein wenig dazu provozieren, sich selbst Ihre eigene Meinung zu bilden und Ihre eigenständige Position zu beziehen.

Eines aber sollen Sie nicht: Sich davor drücken, ein paar Dinge über Ihre Mitmenschen zu klären, nur weil es Ihnen unangenehm ist, sich einzugestehen,

- daß auch Ihr Kind Sie zu seinem Nutzen manipuliert
- und natürlich auch der vielleicht geliebte Partner oder Freund.

Kriegsherren, Politiker und Geschäftsleute haben noch immer Schiffbruch erlitten, wenn sie ihr Handeln auf schönfärberische Hoffnungen, Selbsttäuschung und die Erwartung gebaut haben, alles würde schon so sein, wie es sein sollte.

Das gleiche gilt für jeden von uns in allen Alltagshandlungen.

Als diese Aufgabe den Teilnehmern eines Wochenend-Seminars der Lebensschule gestellt worden war, schrieb einer nach zwei Tagen am Ende der Liste von 32 Namen den Hinweis: »Ich kann gar nicht sagen, wie erleichtert ich bin, endlich einige meiner Mitmenschen so zu sehen, wie sie wirklich sind. Jetzt erst ist mir klar, was ich mir da ein halbes Leben lang vorgemacht habe.«

Eines sollten Sie bei der Beschäftigung mit der gestellten Frage besonders beachten: Arbeiten Sie täglich daran. Es ist besser, sich an jedem einzelnen Tag eine Viertelstunde damit zu beschäftigen, als vielleicht einmal in der Woche zwei Stunden lang.

Und noch etwas: Fallen Sie nicht auf Ihre eigenen Ausreden herein, die angeregte Liste nicht zu erstellen.

Sagen Sie nicht: »Das mache ich später.« Oder: »Was soll denn das, ich habe ja lauter liebe, nette Menschen um mich.« Oder: »Das wäre ja ein Vertrauensbruch, von meinem Partner anzunehmen, daß er mich manipulieren oder gar ausnützen wollte.«

Vielleicht kommen Sie *hinterher* tatsächlich zu diesem Ergebnis. Vielleicht, obwohl es sehr unwahrscheinlich ist. *Vorher* aber sollten Sie nichts unversucht lassen, die Menschen so zu sehen, wie sie sind, und nicht so, wie Sie sie sehen möchten. Oder wie die anderen möchten, daß Sie sie sehen.

Wenn Sie während der Beschäftigung mit Ihrer Liste Zweifel haben, wenn Unklarheiten auftauchen oder wenn Sie ganz einfach nur einen kleinen Schubs benötigen, um weiterzumachen: Lesen Sie die erste Lektion noch einmal in Ruhe durch.

Jetzt wünschen wir Ihnen viel Erfolg bei der Arbeit an der ersten Lektion.

Vergessen Sie nicht: Beschäftigen Sie sich so lange damit, bis Sie selbst mit dem Ergebnis zufrieden sind. Bis Sie sich ehrlich sagen können: »Jetzt ist mir manches klarer geworden.« Oder: »Diese Analyse meiner Mitmenschen hat mich erleichtert. Jetzt habe ich erkannt, wie ich mich bisher selbst täuschte, um die Realität nicht erkennen zu müssen.«

Zur Erinnerung: Die Frage, um die es geht, lautet: »Wer will was von mir?«

Zweite Lektion

Machen Sie sich mit den Methoden vertraut, mit denen die anderen Sie manipulieren.
Erst wenn Sie darüber Bescheid wissen, können Sie die richtigen Gegenmaßnahmen planen und einüben.

Wenn Sie diese zweite Lektion in Angriff nehmen, sollten Sie folgende Voraussetzungen geschaffen haben:

1. Sie machen sich keine Illusionen darüber, daß Sie nicht nur von lieben, netten Menschen umgeben sind, die stets nur Ihr Bestes wollen.
2. Sie sind sich darüber im klaren, daß jeder Mensch jeden anderen zu seinem Vorteil manipulieren möchte. Das ist eine verständliche Absicht, die wir niemandem übel nehmen.
3. Sie besitzen jetzt eine Liste der Menschen, mit denen Sie leben und arbeiten, und haben sich Gedanken darüber gemacht, was diese Leute von Ihnen wollen.

Vielleicht ist Ihnen bewußt geworden,

- wie Ihre Kinder Sie ausnützen,
- daß Ihre Frau manchmal nur nett zu Ihnen ist, wenn sie etwas von Ihnen will,

- daß Ihr Mann oft einen Streit vom Zaune bricht, wenn er sich vor einer Verpflichtung drücken möchte.

Und anderes mehr.

Sie haben diese Informationen in Ihr Arbeitsbuch geschrieben. Vermutlich sind sie keineswegs vollständig. Bei manchem Namen fiel Ihnen vielleicht nichts ein. Oder Sie scheuten davor zurück, diese Person damit in Verbindung zu bringen, daß sie Sie ausnützen könnte.

Wenn Sie aber ernsthaft versucht haben, diese Aufgabe zu lösen, werden Ihnen einige Dinge bewußt geworden sein, die Sie vorher nicht beachtet haben.

Sie sollten sich bewußt machen, welche Motive dem Verhalten Ihrer Mitwelt Ihnen gegenüber zugrunde liegen. Wollen alle diese Leute wirklich Ihr Bestes – oder wollen die anderen auf Ihre Kosten das eigene Beste?

Darüber sollten Sie sich eine Meinung gebildet haben. Eine realistische Meinung. Ohne Beschönigung.

Wenn Sie das getan haben, versuchen Sie jetzt mit uns, die gängigsten Methoden zu untersuchen, mit denen die Mitwelt versucht, uns zu manipulieren.

Hier sind sie:

1.
Die Methode der Überrumpelung

Jemand versucht, von Ihnen etwas zu erreichen, indem er Ihnen einredet, es müsse sehr rasch geschehen.

Sie sollen sich schnell entscheiden. Weil es angeblich sehr wichtig sei. Oder weil Sie sonst auf einen Riesenvorteil verzichten würden. Oder weil sonst für Sie angeblich ein Nachteil entstünde.

Nicht selten bitten uns Mitmenschen um Hilfe in einer für sie ausweglos erscheinenden Situation, in die sie sich durch eigenes Verschulden gebracht haben. Vorher, als sie die falsche Entscheidung fällten, haben sie uns nicht um Rat gefragt. Jetzt aber, wo für uns nur mehr eine bereits vorgegebene Möglichkeit zum Helfen besteht, fordern sie uns auf, ein Opfer zu bringen.

Es sei dringend. Dringend allerdings nur für die anderen. Sie versuchen diese Dringlichkeit auf uns abzuwälzen.

Sonderangebote in Kaufhäusern, die mit der Aufforderung verbunden sind: »Greifen Sie zu, solange es noch möglich ist«, gehören ebenfalls zu dieser Methode.

Die Taktik der Überrumpelung besteht darin, uns keine Zeit zu geben, die Sache zu prüfen. Wir sollen keine Gelegenheit haben, in Ruhe zu überlegen. Wir könnten sonst entdecken, daß nicht alles so ist, wie der andere es darstellt.

Wir sollen vor die Alternative gestellt werden: »Jetzt oder nie!«

2.
Die Methode der delegierten Verantwortung

Jemand hat ein Problem, das er nicht selbst lösen kann oder will. Er versucht nun, uns dafür einzuspannen, indem er uns in seine Verantwortung einbezieht. Oder sie uns ganz überträgt.

Er tut so, als wäre die Sache für uns wichtig, obwohl sie in Wahrheit einzig und allein für *ihn* wichtig ist.

Er kann dabei verschiedene Taktiken anwenden.

Etwa die »Gute-Mensch-Taktik«. Indem er uns sagt: »Ich kenne dich als guten Menschen, der niemanden im Stich läßt. Also kannst du mich jetzt, wo ich dich so dringend brauche, nicht abweisen.«

Oder er geht nach der »Solidaritäts-Taktik« vor. Indem er Sie davon zu überzeugen versucht, daß wir alle in einem Boot säßen und man sich doch gegenseitig helfen müßte. Wobei die Gegenseitigkeit vorwiegend darin besteht, daß Sie etwas für *ihn* tun.

Solche und andere Varianten dieser Methode laufen darauf hinaus, daß der andere versucht, seine Verantwortung für die Lösung eines Problems auf Sie zu übertragen.

Sie sollen sich dafür verantwortlich fühlen, wovor *er* sich drücken will.

Wenn Sie in diese Falle gehen, kann es sehr oft passieren, daß der andere später den Spieß umdreht. Statt Ihnen zu danken, daß Sie für ihn in die Bresche gesprungen sind, macht er Ihnen auch noch Vorwürfe, weil nicht alles zu seinem Besten verlief. Oder er drückt sich davor, Ihnen die Hilfe zurückzuzahlen, indem er ihren Wert nachträglich verniedlicht.

3.
Die Autoritätsmethode

Jemand nützt seine tatsächliche oder auch nur scheinbare Überlegenheit aus, um Sie einzuschüchtern.

Wenn ein Vater seinem Kind sagt: »Du hast ohne Widerrede zu tun, was ich dir sage, denn ich habe immer recht, weil ich älter und außerdem dein Vater bin«, dann nützt er seine Autorität zur Manipulation des Kindes.

Wenn ein Arzt Ihnen sagt: »Nehmen Sie dieses Medikament gegen Ihre Krankheit, sonst werden Sie nicht gesund«, dann heißt das noch lange nicht, daß Sie tatsächlich dadurch gesund werden.

Aber der Arzt will nicht lange mit Ihnen diskutieren, weil für ihn Zeit schließlich Geld ist. Er setzt deshalb seine Autorität als Arzt ein, damit Sie glauben, was er sagt, ohne daß er dafür den Wahrheitsbeweis antreten muß.

4.
Die Methode der beharrlichen Wiederholung

Die ständige Wiederholung einer Forderung verleiht ihr zunehmend Überzeugungskraft. Dabei kann die Wiederholung durch eine oder durch mehrere Personen erfolgen.

Wenn Ihnen fünf Personen innerhalb eines bestimmten Zeitraumes zehnmal sagen: »Du bist der beste Mann dafür, die Aufgabe Y zu lösen, du kannst dich ihr nicht entziehen«, dann besitzt die Wiederholung mehr Überzeugungskraft, als wenn eine Person Ihnen genau die gleiche Botschaft nur ein einziges Mal übermittelt.

Zu den häufigen Beispielen dieser Methode gehört die Taktik, jemandem einzureden: »Alle tun das, also kannst du dich als einziger auch nicht ausschließen.«

5.
Die Methode des Vergleichens

Nicht selten werden wir das Opfer unseres Ehrgeizes, den ein anderer zu seinem Vorteil nützt.

Er vergleicht uns mit jemand anderem. Er tut es in einer Art, die uns reizt, den Beweis anzutreten, daß wir besser sind als das Vergleichsobjekt. Daraus zieht der Manipulant dann seinen Nutzen.

Oft genügt es, daß etwa ein Vorgesetzter einem Untergebenen hinterhältig sagt: »Ich habe da eine schwierige Aufgabe, die viel Zeit und ein kleines Opfer von Ihnen verlangt. Aber wenn Sie sich ihr nicht gewachsen fühlen, dann gebe ich sie eben Ihrem Kollegen.« Oder man sagt: »Sie sind doch viel besser als Ihr Kollege. Strengen Sie sich an, dann haben Sie ihn bald überrundet.«

Warum sollen wir uns anstrengen? Zu unserem Nutzen oder zum Vorteil dessen, der uns zur erhöhten Anstrengung auffordert?

*

Das sind fünf der häufigsten Methoden, mit denen unsere Mitwelt uns dorthin lenken möchte, wo sie uns haben will. Ganz klar, daß wir die eine oder andere – oder alle – diese Methoden auch selbst anwenden, um andere zu manipulieren.

Begnügen wir uns vorerst damit, uns bewußt mit diesen Methoden vertraut zu machen.

Wenn wir sie kennen, wenn wir uns damit auseinandersetzen, ist dies die Voraussetzung dafür, uns in Zukunft nicht mehr so leicht von anderen lenken zu lassen.

Wir werden wachsamer.

Wir sind nicht mehr arglos.

Wir durchschauen hinter dem vordergründigen Verhalten des anderen die Absichten, die er damit verfolgt.

Deshalb sollten Sie sich jetzt aktiv mit den fünf angeführten Methoden der Manipulation beschäftigen. Nicht nur in Gedanken. Tun Sie es vielmehr schriftlich. In Ihrem Arbeitsheft.

Schreiben Sie dort alle fünf Methoden untereinander auf ein Blatt. Also:

1. Die Methode der Überrumpelung.
2. Die Methode der delegierten Verantwortung.
3. Die Autoritätsmethode.
4. Die Methode der beharrlichen Wiederholung.
5. Die Methode des Vergleichens.

Auf ein anderes Blatt schreiben Sie alle jene Namen Ihrer Mitmenschen, bei denen Sie in der ersten Lektion eine Antwort auf die Frage »Wer will was von mir?« hinzufügen konnten.

Überlegen Sie nun als nächsten Schritt:

Wer wendet welche Methode an?

Wer von den Menschen, mit denen Sie zusammenleben, wendet welche Methode an, um von Ihnen das zu bekommen, was er bekommen möchte?

Denken Sie darüber nach.

Machen Sie ein Spiel daraus, jeder Person »ihre« Methode zuzuordnen.

Erinnern Sie sich Wochen oder Monate zurück: »Wie hat *der* oder *die* versucht, mich zu beeinflussen?«

Auf diese Weise sollten Sie sich bewußt machen, wie die geschilderten Methoden in Ihrem Alltag angewendet werden. Die meisten Menschen tun es gar nicht bewußt. Aber sie tun es.

Durch die Beschäftigung mit diesen Zusammenhängen sollen Sie jetzt Ihre Aufmerksamkeit trainieren. Wenn jemand Sie zu manipulieren versucht, sollen Sie es durchschauen können.

Dieses Erkennen ist die Voraussetzung dafür, geeignete Maßnahmen ergreifen zu können.

Trainieren Sie deshalb Ihr Gespür für die manipulativen Angriffe Ihrer Mitwelt.

Tun Sie es jetzt. Schreiben Sie die Ergebnisse in Ihr Arbeitsbuch.

Ordnen Sie den Personen die entsprechende Methode zu. Erinnern Sie sich, welche Kniffe der andere dabei anwandte. Wie er versucht hat, Sie herumzukriegen.

Schreiben Sie Ihre Beobachtungen und Schlußfolgerungen in Stichworten auf.

Sie werden sehen, sehr bald wird es Ihnen Spaß machen, die Absichten anderer zu durchschauen. Es wird Ihnen ein neues Selbstbewußtsein verleihen.

Sie werden sich nicht mehr hilflos den Manipulationen Ihrer Mitwelt ausgeliefert fühlen. Sie können mitspielen. Sich zur Wehr setzen. Vielleicht selbst aktiv werden.

Viel Spaß also, wenn Sie jetzt mit diesem Spiel beginnen.

Dritte Lektion

Wenn Sie schon einmal damit angefangen haben, die manipulativen Motive des Handelns Ihrer Mitmenschen aufzuspüren, sollten Sie jetzt sich selbst prüfen.

Es geht um die Frage: Was machen Sie sich selbst bei der Beurteilung anderer Menschen vor? Wen gibt es in Ihrer Umgebung, den Sie nur deshalb als liebenswerten Partner sehen, weil Sie ihn als solchen sehen wollen? Obwohl er tatsächlich genauso versucht, Sie zu manipulieren, wie alle anderen auch.

»Wer von den Menschen, mit denen Sie zusammenleben, wendet welche Methode an, um von Ihnen das zu bekommen, was er bekommen möchte?« Das war die Aufgabenstellung der vorangegangenen Lektion.

Sind Sie damit fertiggeworden, oder haben Sie nur mit halbem Herzen versucht, den Dingen auf den Grund zu gehen?

Es ist verständlich, wenn es Ihnen nicht leichtfällt, alle Menschen, mit denen Sie vielleicht schon seit Jahren zusammenleben, unvoreingenommen unter die Lupe zu nehmen.

Wir alle scheuen uns verständlicherweise, von einem Tag auf den anderen einen liebgewordenen Menschen nicht mehr so zu sehen, wie wir ihn sehen möchten.

- Wie wir ihn sehen *möchten.*
- Und wie wir möchten, daß er uns sieht.

Aus diesen beiden Gründen tun wir vieles in unserem Leben, was wir in Wahrheit gar nicht tun möchten. Wir tun es aus Gefälligkeit, weil wir uns besser machen möchten, als wir sind.

Aber auch, weil wir nicht zur Kenntnis nehmen wollen, daß ein anderer gar nicht der Mensch ist, als den wir ihn sehen möchten. Man möchte sein Kind in der Rolle sehen, die man ihm zuordnet: lieb, nett, freundlich, folgsam, wohlerzogen, fleißig.

Wenn uns dieser Wunsch aber nicht erfüllt wird, dann versuchen wir nicht selten die Realität zu verdrängen, daß unsere Kinder wilde Teufel sind, die sich vor dem Lernen drücken, egoistisch ihren Vorteil fordern und die Eltern und sich selbst immer wieder hintergehen.

Bei den Kindern decken sich Vorstellung und Realität nicht. Also versuchen sie vorzutäuschen, was sie nicht sind, aber sein möchten – um den Eltern zu gefallen. Oder dem Lehrer. Oder um ihren Freunden zu imponieren.

Aus diesen Gründen tun sie das, was wir alle tun: Sie versuchen ihre Mitwelt und in den meisten Fällen auch sich selbst zu manipulieren.

Sie täuschen uns vor, was wir gerne sehen möchten, damit wir von ihnen den Eindruck gewinnen, von dem sie möchten, daß wir ihn haben.

Das ist das ewige Spiel der Manipulation. Jeder spielt es. Es ist ganz natürlich.

Aber ist es nicht ebenso natürlich, daß jeder versucht, in diesem Spiel möglichst oft zu gewinnen und möglichst wenig zu verlieren? Deshalb sollten wir die Regeln lernen, wie man das Spiel gewinnen kann.

Kommen wir also zurück zur Notwendigkeit, die Menschen um uns herum – Kinder, Partner, Freunde eingeschlossen – so zu sehen, wie sie sind. Und nicht, wie wir sie sehen möchten oder wie sie möchten, daß wir sie sehen.

Das sind die Vorteile unseres Vorhabens:

1. Wenn wir lernen, hinter die Kulissen des Verhaltens der Mitmenschen zu schauen, lernen wir daraus eine Menge für unser eigenes Verhalten.
2. Wenn wir uns im Umgang mit den Mitmenschen nichts vormachen, nützt das unserem Verhältnis zu ihnen. Es schafft Klarheit. Viel Heuchelei fällt weg. Man weiß, woran man ist und verläßt sich nicht auf etwas, was der andere gar nicht halten kann oder will. Er hat es uns nur versprochen, um uns und vielleicht sich selbst zu täuschen.

Solche Täuschungsmanöver sind meistens gar nicht feindselig gemeint. Der andere will sich nur einen Vorteil verschaffen. Oder er will sich selbst schützen.

Nehmen Sie folgendes Beispiel:

Ein Kind schleicht sich aus dem Haus, um mit den Freunden draußen zu spielen. Die Mutter merkt es gerade noch und ruft ihm nach: »Hast du deine Hausaufgaben gemacht?« Das Kind sagt nicht »Ja« und nicht »Nein«, sondern weicht mit der Antwort aus. Es sagt vielleicht mit der typischen hastigen Fröhlichkeit: »Ich geh nur schnell einmal Luft schnappen. Den ganzen Tag herumhocken – mir ist schon ganz schlecht.« Wums, die Tür ist zu.

Stand der Dinge:

- Das Kind hat die Mutter überrumpelt. Die Mutter wollte nicht auf ihrer Frage beharren, weil sie gutmütiges Verständnis für ihr Kind hat. Die Aufgabe bleibt also ungeschrieben. Das Kind hat gemerkt, wie leicht man der Mutter etwas vormachen kann. Also nützt es diese Schwäche der Mutter weiter aus. Zum eigenen Vorteil, oder besser gesagt, zur eigenen Bequemlichkeit.
- Das Kind manipuliert die Mutter. Die Mutter wehrt sich nicht. Ganz im Gegenteil, sie erzieht durch ihr nachgiebiges Verhalten das Kind dazu, ihr und sich selbst etwas vorzumachen, um dem unangenehmen Aufgabenschreiben auszuweichen.
- Bei der nächsten Prüfung oder Schularbeit gibt es eine schlechte Note. Die gibt es auch im Zeugnis.

Irgendwann einmal wird die Mutter dann ihre Nachgiebigkeit bereuen: Sie beschimpft das Kind, das Kind findet tausend Ausreden und ist auf die Mutter böse. Vielleicht aber tun sie sich zusammen und machen gemeinsam den Lehrer oder die Schule zum Sündenbock.

Aber letzten Endes ändert das alles nichts an der Realität der Dinge, die damit begann, daß die Mutter sich arglos daran gewöhnt hat, sich von ihrem Kind manipulieren zu lassen.

Sie *wollte* ihrem Kind nicht mißtrauen, es nicht mit der harten Realität konfrontieren. Sie wollte die verständnisvolle Mutter sein, die ihrem Kind nicht weh tun kann.

Zu ihrem eigenen Vorteil? Nein, denn sie war es, die letzten Endes den Ärger hatte.

Zum Vorteil des manipulierenden Kindes? Keineswegs, denn es mußte selbst unter der Bequemlichkeit leiden, die seine Mutter billigte.

Sie können daraus die Schlußfolgerung ziehen: Manipulation zu durchschauen und sofort wirkungsvoll abzuwehren ist die bessere Form der Erziehung.

Dem eigenen Kind und der gesamten Umwelt gegenüber.

Die erwähnte Mutter hätte dem Kind und sich selbst Ärger, Selbstvorwürfe, Enttäuschung, tagelange Mißstimmung und vieles mehr erspart, wenn sie beim ersten Überrumpelungsversuch ein deutliches Signal gesetzt hätte: »Halt, ich lasse mich nicht bluffen. Klären wir die Sache sofort und hart. Hast du eine Aufgabe, ja oder nein? Ist sie gemacht, ja oder nein? Wenn nicht, wird sie sofort gemacht.« Damit vermeiden wir beide, eine selbstverständliche Sache durch Heuchelei zu einem langfristigen Problem werden zu lassen.

Das beschriebene Beispiel zeigt, wie im Alltag das manipulative Spiel funktioniert. So und in hundert anderen Variationen. Mit dem Kind, dem Partner, dem Kollegen, dem Vorgesetzten. Mit jedem, der uns etwas einreden oder verkaufen will.

Das sollten Sie erkennen und verstehen.

Daraus sollten Sie die Notwendigkeit ableiten, sich bei der Beurteilung Ihrer Mitmenschen nichts vorzumachen.

Wenn Sie das bei der Aufgabenstellung der vorangegangenen Lektion getan haben sollten, blättern Sie zurück. Lesen Sie noch einmal die »Zweite Lektion« durch. Nehmen Sie Ihr Arbeitsheft zur Hand.

Beschäftigen Sie sich noch einmal mit dieser Aufgabe. Sie lautet: »Wer von den Menschen, mit denen Sie zusammenleben, wendet welche Methode an, um von Ihnen das zu bekommen, was er bekommen möchte?«

Tun Sie es gleich. Schreiben Sie nieder, was Ihnen noch dazu einfällt.

Schieben Sie es nicht auf.

*

Wir erinnern Sie deshalb so eindringlich daran, in dieser Anleitung nicht fortzufahren, ehe die gestellte Aufgabe ernsthaft bearbeitet ist, um Sie daran zu hindern, sich selbst durch alle möglichen Ausreden zu manipulieren.

Man ist gewohnt, in einem Buch einfach weiterzulesen, auch wenn einem eine Sache nicht ganz klar erscheint. Irgendwie, so hofft man, würde sich das Ganze später schon klären.

Dieser Band der Lebensschule ist ein Lernbuch mit schrittweisem Aufbau.

Wenn Sie diesem Aufbau folgen, gewinnen Sie dreierlei:

- Sie verstehen das Folgende besser, wenn Sie das Vorangegangene praktisch erarbeitet haben. Praktisch und schriftlich.
- Wenn Sie etwas verstehen und sich damit identifizieren, macht die praktische Verwirklichung weniger Mühe. Der Erfolg kommt leichter.
- Jeder Erfolg erhöht den Spaß an der Sache und am Weitermachen.

Auf diese Weise schaffen Sie selbst sich Ihre Freude und Motivation für die Arbeit an sich selbst.

Dies ist wichtig, weil niemand anderer Sie dafür motiviert, etwas zu Ihrem eigenen, persönlichen Vorteil zu unternehmen. Weil niemand daran interessiert ist, daß Sie ihm und seinen manipulativen Angriffen gegenüber kritischer und in der Abwehr entschlossener werden.

Deshalb sind Sie beim Training Ihrer Abwehrtechniken allein auf sich selbst angewiesen. Niemand anderer drängt Sie zur Gründlichkeit. Sie selbst müssen es tun.

Fassen wir also zusammen, welches Ziel diese dritte Lektion verfolgte: Sie sollten noch einmal überprüfen, ob bei der Bewältigung der »Zweiten Lektion« nicht manches offen blieb, was geklärt werden sollte.

Ob Sie hier und dort den Vorhang nicht beiseite schieben wollten, um dahinter die wirklichen Motive des manipulativen Handelns eines Mitmenschen zu erkennen. Eines Menschen, den Sie als lieben Freund oder wertvollen Partner sehen möchten und nicht als »bösen Manipulanten«.

Verstehen Sie bitte: Er ist nicht böse, weil er seinen Vorteil wahren will. Er spielt nur das ewige, umfassende manipulative Spiel, das wir alle spielen.

Beschäftigen Sie sich also unter diesem neuen Aspekt noch einmal mit der Frage, auf welche Weise Ihre Mitmenschen versuchen, Sie zu manipulieren.

Wenn Sie das getan haben und meinen: »Jetzt habe ich Klarheit, mehr sehe ich vorläufig nicht«, erst dann sollten Sie zur nächsten, zur vierten Lektion übergehen.

Vierte Lektion

Beginnen Sie mit dem Training Ihrer Selbstverteidigung gegen die Manipulation durch andere. Üben Sie drei Tage lang in der Praxis Ihres Alltags die drei Grundsätze gegen Überrumpelungsversuche durch die Mitwelt ein:

1. *Lieber verzichten als voreilig entscheiden.*
2. *Verlieren Sie nie aus den Augen, worin Ihr Vorteil besteht.*
3. *Zögern Sie keinen Augenblick, Ihren Vorteil sofort einzufordern.*

In den vorangegangenen drei Lektionen dieser Anleitung zur Abwehr manipulativer Angriffe Ihrer Umwelt sollten Sie einiges über die Menschen Ihrer Umgebung und über sich selbst erfahren haben. Wenn Sie richtig glücklich darüber sind, mit einigen Heucheleien sich selbst gegenüber aufgeräumt zu haben, sind Sie gut eingestimmt für den nächsten Schritt.

Es ist ein Schritt in die tägliche Praxis Ihres Lebens.

Sie sollen jetzt das, was Sie bisher erkannt haben, im Alltag anwenden: in der Familie, am Arbeitsplatz,

Kollegen, Nachbarn, fremden Leuten, Vorgesetzten gegenüber, beim Einkaufen oder im Umgang mit Freunden.

Sie sind jetzt sensibler geworden für die Motive des Verhaltens Ihrer Mitwelt. Vermutlich haben Sie allerdings auch ein wenig Angst vor Ihrem eigenen Mißtrauen.

Es könnte sein, daß Sie sich fragen: »Soll ich jetzt wirklich von allen diesen Leuten von vornherein annehmen, daß sie mich ständig zu ihrem Vorteil und zu meinem Nachteil manipulieren wollen?«

Sie werden sich wahrscheinlich innerlich dagegen zur Wehr setzen, Menschen zu mißtrauen, denen Sie bisher vertrauen konnten.

Aber haben Sie schon einmal darüber nachgedacht, wie oft in Ihrem Leben ihr Vertrauen anderen Menschen gegenüber mißbraucht worden ist?

Wie oft wurden Sie enttäuscht? Welchen Schaden haben Sie dadurch erlitten, daß Sie Leuten vertrauten, die sich dieses Vertrauen zunutze machten?

Lassen Sie es uns noch einmal betonen: Durch Ihr gesundes Mißtrauen soll sich Ihre Beziehung zu den Mitmenschen bessern, nicht verschlechtern.

Vor allem Ihre Beziehung zu sich selbst soll sich dadurch verbessern. Sie sollen Ängste vor dem Umgang mit Mitmenschen ablegen und selbstsicherer werden.

Denn wer die Regeln des Manipulierens kennt, braucht keine Angst mehr davor zu haben.

Erinnern Sie sich: Es war von fünf verbreiteten Methoden die Rede, mit denen man versucht, uns zu manipulieren. Die erste dieser Methoden ist die Überrumpelung.

Wir sollen dazu verleitet werden, einem Angebot zuzustimmen, ohne darüber nachzudenken, ob es für uns auch von Vorteil ist. Wir werden gedrängt. Und irregeführt. Man sagt uns: »Wenn du lange zögerst, ist es zu spät.«

Man will uns mit dem Zeitmoment erpressen.

Oft genug macht man uns in solchen Situationen lächerlich, weil wir zögern und offensichtlich nicht kapieren, was doch so einleuchtend ist.

Man tut so, als wären Leute, die blitzschnell ihre Entscheidungen fällen, gescheiter, moderner, erfolgreicher als solche, die ihre Entscheidungen gründlich überdenken.

Alles das hat nur den einen Grund: Wir sollen überrumpelt werden. Wir sollen »schnell zugreifen« und sofort einen Kaufvertrag unterschreiben, ohne genug Zeit zu haben, auch das Kleingedruckte zu lesen.

Um nicht durch Überrumpelung zu Ihrem Nachteil manipuliert zu werden, sollen Sie in Zukunft folgende drei Regeln beachten:

1. Verzichten Sie lieber auf einen angeblichen Vorteil, ehe Sie sich überrumpeln lassen und voreilig entscheiden.
2. Verlieren Sie bis zur Entscheidung nie aus den Augen, was für Sie richtig und nutzbringend ist. Lassen Sie sich weder durch Freundlichkeit drängen noch durch Beleidigung davon abbringen.
3. Zögern Sie keinen Augenblick, Ihren Vorteil einzufordern. Bekennen Sie sich dazu. Es gibt keinen Grund, Schuldgefühle zu haben, weil man für sich das Beste will. Es gibt auch keinen Grund, sich aus Gefälligkeit von anderen ausnützen zu lassen.

Mit diesen drei Regeln sollten Sie in den kommenden drei Tagen leben.

Fangen Sie gleich jetzt damit an, sich damit auseinanderzusetzen.

Schreiben Sie die drei Regeln in Ihr Arbeitsbuch und halten Sie fest, was Ihnen dazu einfällt.

Ein Teilnehmer eines Lebensschule-Seminars über Manipulations-Abwehr schrieb zur ersten Regel spontan in sein Heft die Frage: »Wenn ich lieber auf einen Vorteil verzichte, weil ich befürchte, überrumpelt zu werden – versäume ich da nicht die wichtigsten Dinge in meinem Leben?«

Nachdem er einige Stunden lang mit anderen Seminar-Teilnehmern darüber diskutiert hatte, kam er zu der Schlußfolgerung: »In Wahrheit versäume ich selten etwas. Ich habe nur ständig eine Riesenangst davor, etwas zu versäumen.«

Er stellte in seinem Arbeitsbuch auch eine Liste von – wie er es nannte – »Überrumpelungsphrasen« auf, für die er besonders anfällig war. Hier sind einige:

- »Wollen Sie diese einmalige Chance wirklich einem anderen überlassen?«
- »Hast du denn gar keinen Stolz? Willst du dir das wirklich gefallen lassen. Sei doch ein Mann!«
- »Gerade das ist jetzt modern – auch wenn es Ihnen nicht gefällt. Sie müssen sich eben erst daran gewöhnen.«
- »Das ist die beste Lösung, darüber sind sich alle einig.«

Jahrelang war der erwähnte Seminar-Teilnehmer auf solche Phrasen hereingefallen, bis er anfing, sie in aller Ruhe auf ihre gezielte Absicht zu untersuchen.

Was fällt Ihnen ein, wenn Sie Abwehrregel Nummer eins gegen Überrumpelung in das Arbeitsbuch schreiben: »Lieber verzichten als voreilig entscheiden?«

Denken Sie darüber nach.

Kommen Sie zu eigenen Schlußfolgerungen.

Wichtig ist, daß Sie sich immer mehr Überrumpelungssituationen in Erinnerung rufen.

- *Wer* hat gestern versucht, mich zu überrumpeln?
- *Wie* war das genau?

Denken Sie in aller Ruhe darüber nach und analysieren Sie solche Erfahrungen schriftlich.

Regel Nummer zwei lautet: »Verlieren Sie während eines Entscheidungsvorganges niemals Ihren Vorteil aus den Augen.«

Ein typisches Beispiel: Man betritt ein Geschäft in der Absicht, fünf Gegenstände zu kaufen, und verläßt es mit neun oder zehn in der Einkaufstasche.

Ein geschickter Verkäufer, die werbewirksam-verführerisch angeordnete Ware und unsere »schnelle Entscheidungsbereitschaft« wurden uns zum Verhängnis.

Denken Sie darüber nach.

Vielleicht kommen Sie zu der praktischen Formel: »In den kommenden drei Tagen schreibe ich mir an jedem Abend auf, was am nächsten Tag für mich richtig ist, was ich brauche, was mir nützt.«

Wenn Sie also zufällig die Mutter sein sollten, von der in der vorangegangenen Lektion die Rede war, dann könnte in Ihrem Arbeitsheft stehen: »Ich prüfe in den nächsten drei Tagen, ob mein Kind seine Hausaufgabe gemacht hat, ehe es zum Spielen geht. Erst wenn ich sicher bin, daß diese Voraussetzung erfüllt ist, fälle ich die Entscheidung: Du darfst spielen gehen.«

Wenn Sie einkaufen gehen: Kaufen Sie nur, was Sie vorher nach reiflicher Überlegung auf Ihre Einkaufsliste geschrieben haben.

Wenn Sie die Aufgaben aufgeschrieben haben, die Sie an Ihrem Arbeitsplatz an diesem Tag erledigen müssen – lassen Sie sich nicht dadurch ablenken, wenn ein Kollege Sie damit zu überrumpeln versucht, daß er sagt: »Ich muß ganz dringend weg, erledige doch bitte das schnell für mich.«

Es mag schon sein, daß es bisweilen richtig ist, für einen Kollegen einzuspringen, damit er dann uns hilft, wenn wir seine Hilfe brauchen.

Aber was Sie in diesen drei Tagen lernen sollten, ist nichts anderes, als sich alle diese Vorgänge bewußt zu machen.

- Sich bewußt zu machen, daß Sie überrumpelt werden sollen.
- Sich bewußt zu machen, worin Ihr eigener Nutzen besteht, wenn Sie etwas zum Nutzen anderer tun.

Regel Nummer drei: »Zögern Sie nicht zuzugeben, daß Sie stets Ihren Vorteil suchen.«

Es ist wichtig, anderen Menschen Gutes zu tun, Verständnis für sie zu haben, ihnen einen Gefallen zu erweisen. Aber es hört auf, sinnvoll zu sein, wenn wir aus Gefälligkeit Schaden erleiden und ausgenützt werden.

Sehr oft geschieht genau das – nur, weil wir Hemmungen davor haben, anderen ohne Zögern entschlossen zu signalisieren, wo die Grenzen unserer Hilfsbereitschaft sind.

Viele Menschen, denen gegenüber wir einmal aus Gefälligkeit nachgeben, versuchen beim nächstenmal dreist, einen noch größeren Vorteil für sich aus uns herauszuholen.

Nachgeben ermuntert andere dazu, uns weiter auszunutzen.

Die Grenzen unserer Ausnutzbarkeit sind jedoch abgesteckt, wenn wir entschlossen sagen: »Das mache ich nicht.«

*

Versuchen Sie drei Tage lang, an jedem Tag darauf zu achten, wie andere versuchen, Sie zu einer voreiligen Entscheidung zu veranlassen.

Wenn dieser Fall eintritt, zögern Sie die Entscheidung hinaus. Sagen Sie nicht voreilig: »Ja, das mache ich.« Sagen Sie vielmehr: »Ja, ja, das ist interessant, das überlege ich mir.« Dann prüfen Sie, wo bei der Sache Ihr Nutzen und wo Ihr Nachteil liegt.

Lassen Sie sich nicht drängen.

Sagen Sie dem anderen, daß Sie die Sache näher untersuchen wollen.

Stellen Sie Fragen.

Denken Sie nicht bloß: »Wo ist mein Vorteil?«, sondern scheuen Sie sich nicht, ganz unbekümmert zu fragen: »Welchen Vorteil hat das für mich?«

Stellen Sie sich selbst die Frage: »Brauche ich das wirklich?«

Spielen Sie dieses Abwehrspiel gegen Überrumpelungsmanöver an jedem Tag.

Führen Sie Buch.

Schreiben Sie auf, was Sie tun wollen, was Sie einkaufen wollen, was Sie klären, besorgen, besprechen wollen.

Überprüfen Sie später Ihr eigenes Verhalten und jenes Ihrer Partner an Hand dieser Liste.

Wie haben Sie sich verhalten?

Wer wollte etwas von Ihnen?

Konnten Sie einen Manipulationsversuch abwehren oder verloren Sie das Spiel?

Wir wünschen Ihnen viel Spaß für die kommende Woche.

Fünfte Lektion

Lernen Sie als nächstes die zwei wichtigsten Regeln gegen die Manipulation durch Verantwortung-Delegieren. Sie lauten:

1. *Scheuen Sie nicht die Frage: »Warum machen Sie das nicht selbst?«*
2. *Entschuldigen Sie sich nicht dafür, wenn sie »Nein« sagen. Sie brauchen kein Schuldgefühl zu haben, wenn Sie sich nicht ausnützen lassen.*

Drei Tage lang haben Sie nun versucht, sich nicht mehr von den Mitmenschen überrumpeln zu lassen.

Oder sind Sie vorzeitig schwach oder ungeduldig geworden?

Ganz ehrlich: Haben Sie nicht schon nach ein, zwei Tagen auf die ganze Sache vergessen, weil sie zu mühsam war? Oder weil sie ungewohnt für Sie war?

Immer sollten Sie überlegen und sich fragen:

- Was will der X tatsächlich von mir?
- Warum drängt mich Y zu dieser Entscheidung?
- Was steckt dahinter?

- Wo ist bei dieser Sache *sein* Vorteil. Wo ist *mein* Vorteil?

Zugegeben, das alles ist tatsächlich ungewohnt, wenn man jahrelang seine Mitmenschen nur so sah, wie sie sich einem zeigten.

Aber weil Sie sich nun einmal dazu entschlossen haben, nicht mehr alles mit sich so geschehen zu lassen, wie die anderen es wollen, müssen Sie lernen, diese anderen möglichst gründlich kennenzulernen.

Dabei werden Sie feststellen: Je mehr Sie über andere Leute erfahren, um so besser werden Sie auch Ihr eigenes Handeln und Ihre eigenen Verhaltensmotive verstehen.

Wenn Sie in den vergangenen Tagen ganz oder teilweise an der gestellten Aufgabe gescheitert sind, Überrumpelungsmanöver Ihrer Mitmenschen aufzudecken und erfolgreich abzuwehren – bleiben Sie dran. Versuchen Sie es weiter.

Sie sollten sich deshalb keine Selbstvorwürfe machen.

Sein Verhalten zu ändern heißt, neue Verhaltensweisen einzuüben. Einüben wieder bedeutet, es immer wieder zu versuchen, bis man Freude daran gewinnt, und sich die ersten Erfolge einstellen.

Wir haben Ihnen fünf häufig angewandte Methoden vorgestellt, mit denen Ihre Umwelt versucht, Sie zu manipulieren:

1. Die Methode der Überrumpelung.
2. Die Methode der delegierten Verantwortung.
3. Die Autoritätsmethode.
4. Die Methode der beharrlichen Wiederholung.
5. Die Methode des Vergleichens.

Es ist von großem Vorteil für Sie, wenn Sie alle diese Methoden kennen und wissen, wie sie angewandt werden. Sie sollten sich Gedanken darüber machen, wer auf der Liste der Mitmenschen, mit denen Sie zusammenleben, Ihnen gegenüber welche Methoden anwendet.

Natürlich sollten Sie diese Dinge nicht wie ein Schuljunge auswendig lernen. Sie sollten vorerst einmal wissen, daß es sie gibt. Dann sollten Sie Ihren Blick, Ihr Gefühl dafür schulen, sie im praktischen Alltag zu erkennen. Schließlich sollten Sie sich eine gewisse Routine darin aneignen, sich dagegen zur Wehr zu setzen.

Alles das sollte Ihnen Spaß machen.

Betrachten Sie Ihr ganzes Leben als ein interessantes Spiel gegen viele Gegner, das man manchmal gewinnt und manchmal verliert.

Es ist ganz natürlich, daß jeder in diesem Spiel gewinnen möchte.

Aber das schönste Spiel hört auf, Spaß zu machen, wenn man es immer verliert, weil der Gegner einfach zu smart ist. Oder weil wir nicht die geringste Ahnung von den Regeln haben, nach denen es gespielt wird.

Diese Regeln kennenzulernen und die wichtigsten Techniken zur Abwehr der Angriffe einzuüben, das ist das Ziel dieser Anleitung und der Aktivitäten, zu denen sie Sie ermuntern will.

Wichtig ist, daß Sie aktiv werden.

Abwehren bedeutet, den manipulativen Angriffen Ihrer Mitwelt aktiv entgegentreten. Nicht wild um sich schlagend, sondern aus der Kenntnis der Zusammenhänge heraus.

Es ist deshalb besser, die wichtigsten Grundlagen und Zusammenhänge von Angriff und Abwehr im alltäglichen manipulativen Spiel zu *verstehen,* als jede Aufgabe mühevoll zu »lernen«.

Wenn Sie also mit der Überrumpelungsmethode nicht ganz zurechtgekommen sind, versuchen Sie es jetzt drei Tage lang mit der Methode Nummer zwei, dem Verantwortung-Delegieren.

Beobachten Sie, wie die Menschen Ihrer Umgebung versuchen, Ihnen etwas aufzuhalsen, was sie eigentlich selbst tun sollten. Versuchen Sie zu erkennen, welche Tricks sie dabei anwenden.

Die »Gute-Mensch-Taktik«, von der schon die Rede war, zielt beispielsweise auf Ihre Gutmütigkeit ab. Weil uns von Kindheit an eingelernt worden ist, wir müßten gute Menschen sein, immer nett und freundlich, immer bereit, den anderen zu helfen und für die Armen Opfer zu bringen, sind wir besonders anfällig für diese Taktik.

Geschickte Manipulanten in unserer Umgebung machen sich das ohne Skrupel zunutze. Sie haben schnell durchschaut, daß wir zu den Leuten gehören, die nicht »Nein« sagen können. Lieber bürden wir uns die doppelte Arbeit auf, als daß wir dem anderen sagen: »Tut mir leid, ich will nicht. Mach deine Arbeit doch selbst.«

Oder: »Versuche doch erst einmal selbst, aus der Patsche herauszukommen, ehe du von anderen Leuten Hilfe erwartest.«
Oder: »Wenn du willst, daß ich dir helfe, mußt du kommen, *bevor* du eine falsche Entscheidung fällst. Wenn Du mir vorher keine Möglichkeit gegeben hast, deine Fehler zu verhindern, habe ich nachher auch keine Lust, dir zu helfen.«

Und so weiter und so weiter.

Das sollten wir sagen, um zu verhindern, daß wir auf Grund unserer Gutmütigkeit manipuliert werden und für andere deren Fehler ausbaden. Oder um eine Aufgabe oder Verantwortung übertragen zu bekommen, die der andere aus Bequemlichkeit nicht selbst übernehmen will.

Oder weil er zu feige ist. Er läßt uns die Fehler machen, damit er nachher auf unsere Kosten angeben kann: »Ich hab's ja gleich gewußt, daß das schiefgehen wird.«

Alles das sind die Tricks der Delegier-Methode, gegen die wir uns schützen sollten.

Wie können wir uns schützen?

a) Indem wir uns täglich vornehmen, darauf zu achten.
b) Indem wir ein Spiel daraus machen, die Absicht unserer Mitmenschen zu durchschauen, wenn sie uns mit dieser Methode manipulieren wollen.
c) Indem wir ohne Zögern und Gewissensbisse unsere Abwehrmaßnahmen setzen.

Diese Abwehrmaßnahmen lauten:

- Scheuen Sie sich nicht, dem manipulativen Gegner mit einer klaren Frage oder einer Abwehrformel die Grenze anzuzeigen, von der ab Sie nicht mehr bereit sind, sich ausnützen zu lassen.
- Entschuldigen Sie sich nicht dafür, wenn Sie das Ansinnen ablehnen, die Drecksarbeit für jemand anderen zu machen. Oder für ihn die Verantwortung für eine Sache zu übernehmen, für die er allein verantwortlich ist.

Fest entschlossen zu sein, sich nicht dafür zu entschuldigen, daß Sie sich nicht ausnützen lassen, das ist eine Sache Ihrer Einstellung sich selbst gegenüber.

Sie müssen sich darüber klar sein, ob Sie in erster Linie dazu da sind, für sich selbst zu leben, oder für andere Leute die Kastanien aus dem Feuer zu holen und sich ausnützen zu lassen.

Das ist die Frage, die Sie klären sollten. Gleich jetzt.

Schreiben Sie Ihre Entscheidung nieder.

Was nun die Abwehrmaßnahmen betrifft, so bestehen Sie, wie Sie gelesen haben, vorwiegend darin, sich mit ein paar Formeln und Fragen vertraut zu machen.

So vertraut, daß Sie sie jederzeit im Gedächtnis haben.

Lesen Sie noch einmal durch, welche Abwehrformeln hier vorgeschlagen wurden. Vom »Ich will nicht«, bis zum trockenen »Machen Sie es doch selbst«.

Schreiben Sie daraufhin Ihre eigenen Formeln in Ihr Arbeitsbuch. Jene Formeln, die Ihrer ganz persönlichen Art entsprechen. Denn es kann durchaus sein, daß Sie nicht der Typ sind, der andere vor den Kopf stoßen will.

Dann suchen Sie sich einige Formeln wie z. B.: »Hör mal zu, ich will dir jetzt erklären, warum ich dir in dieser Sache nicht helfen möchte.«

Stellen Sie sich eine Liste solcher Formeln auf. Ob direkt oder höflich, eine Funktion müssen Sie unter allen Umständen erfüllen: Sie müssen verhindern, daß der andere Sie für eine Sache einspannt, für die Sie sich nicht einspannen lassen wollen, weil Sie erkannt haben, daß er Sie bloß auf die ganz einfache Art ausnützen will.

Der andere muß merken: Halt, da habe ich keine Chance, der hat mich durchschaut.

Möglicherweise wird er daraufhin unfreundlich. Oder er versucht, Sie lächerlich zu machen. Oder auch, Sie auf irgendeine Weise zu erpressen. Oder er appelliert an Ihr weiches Herz.

Bleiben Sie konsequent.

Spielen Sie dieses Spiel so oft, wie sich dazu Gelegenheit bietet.

Vielleicht fällt Ihnen dabei auf, daß manche Ihrer Gegner die Methode der Überrumpelung mit der Delegier-Methode kombinieren.

Seien Sie auf der Hut. Spielen Sie das manipulative Spiel.

Sie werden sehen, nach den ersten kleinen Erfolgen wird es Ihnen Spaß machen.

Und noch etwas: Führen Sie über Ihre Pläne und Ihre Erfahrungen Buch. Schreiben Sie sich immer wieder auf, *wie* Sie sich verhalten wollen. Und beschreiben Sie nachher, wie alles verlaufen ist.

Schreiben Sie nach einem erfolgreichen Abwehrspiel ruhig »Das habe ich toll gemacht« in Ihr Arbeitsbuch. Loben Sie sich für einen Erfolg. Schließlich sind Sie Ihr eigener Lehrer. Niemand lobt Sie sonst. Also tun Sie es selbst.

Wir jedenfalls wünschen Ihnen dabei viel Spaß und Erfolg.

Sechste Lektion

Achten Sie in den nächsten drei Tagen darauf, wer tatsächlich Autorität besitzt und wer nur versucht, Sie zu bluffen. Drei Techniken helfen Ihnen, sich gegen diese Bluffer zur Wehr zu setzen.

1. *Antworten Sie auf jede Kritik ernsthaft mit: »Jawohl, Sie haben recht.«*
2. *Sagen Sie Ihrem Gegner offen die Meinung und lächeln Sie dabei freundlich.*
3. *Gehen Sie einer Behauptung beharrlich auf den Grund und lassen Sie sich nicht abwimmeln.*

Lassen Sie uns gemeinsam am Beginn dieser Lektion überprüfen, welche Fortschritte Sie bisher in Ihrer Manipulationsabwehr gemacht haben:

- Sie haben sich dazu entschlossen, Ihre Mitwelt so zu sehen, wie sie sich tatsächlich Ihnen gegenüber verhält. Ohne Beschönigung.
- Sie zweifeln nicht mehr daran, daß wir in einer Welt leben, in der jeder jeden ständig zu manipulieren versucht.
- Sie sind sich klar darüber, daß daran nichts Schlechtes ist. Vielmehr ist es von Vorteil, wenn man die Regeln der Manipulation studiert und lernt.

- Sie haben eine Liste der Menschen Ihrer engeren Umgebung aufgestellt und sind sich darüber klar geworden, wer von diesen Leuten was von Ihnen will oder welchen Vorteil er bei Ihnen für sich sucht.
- Schließlich haben Sie versucht, die Überrumpelungsmethode zu durchschauen und Abwehrmaßnahmen zu ergreifen.
- Dann haben Sie beobachtet, wer Ihnen die Verantwortung übertragen möchte, die er selbst tragen sollte.

Sechs Fortschritte, auf die Sie stolz sein können.

Vielleicht werden Sie jetzt ein wenig verlegen einwenden: »So toll bin ich gar nicht gewesen. Ich habe mich zwar bemüht, aber das Ergebnis war doch ziemlich mager.«

Wir fragen Sie: Was heißt »mager«?

Wenn Sie diese Anleitung bis hierher aufmerksam durchgelesen haben, dann ist das noch nichts Besonderes. Aber immerhin: Sie haben es getan. In Ihnen ist die Bereitschaft gewachsen, in Ihrem Leben etwas zum Besseren zu verändern, und Sie sind dabei, diese Entscheidung in die Tat umzusetzen.

Ist das nichts?

Es ist ein Anfang. Niemand hat Sie dazu gezwungen. Kein Chef war da, der Sie unter Druck gesetzt hat. Sie haben es freiwillig getan. Das zählt doppelt.

Sie haben sich vermutlich alles das, was Sie jetzt in Ihrem Leben ändern möchten, viele Jahre hindurch angewöhnt. Oder Sie haben es sich durch Ihre Mitwelt angewöhnen lassen. Es wäre wirklich vermessen sich zuzumuten, daß Sie alle diese Gewohnheiten, Ängste, Unsicherheiten, Hemmungen und Zweifel in drei oder sechs Tagen ins Gegenteil kehren könnten.

Sie brauchen Zeit, und Sie haben Zeit. Sie haben für den Rest Ihres Lebens Zeit, so zu werden, wie Sie sein möchten.

Setzen Sie Ihre Erwartungen nicht zu hoch an.

Was wir von Lektion zu Lektion versuchen, ist nichts anderes, als Ihre Eigeninitiative gezielt anzukurbeln.

Hilflos von anderen manipuliert zu werden heißt vorwiegend, selber passiv zu sein. Also ist es wichtig, sich selbst zur aktiven Abwehr zu motivieren. Dazu brauchen Sie zuerst einige Informationen. Denn wenn Sie mehr über die Manipulation wissen, als die meisten anderen Leute, werden Sie selbstbewußt. Sie möchten Ihr Wissen auch anwenden. Dazu müssen Sie herausfinden, *wie* Sie es am besten anwenden können. Es ist notwendig, sich selbst und seine Gegner in diesem Spiel der gegenseitigen Manipulation zu beobachten.

Wenn Sie dann die ersten Erfolgserlebnisse haben, nimmt der Eifer zu und Sie können sich weiterhin selbst motivieren.

Das ist der Weg, auf dem Sie sich bereits befinden, wenn Sie diese Anleitung bis hierher gelesen haben. Marschieren Sie weiter. Blicken Sie nicht zurück. Es macht nichts, wenn Ihre Bemühungen nicht ganz Ihren Erwartungen entsprechen. Wichtig ist nur eines: Daß Sie nicht aufgeben.

Es ist besser, winzige Fortschritte zu machen und das Gefühl zu haben: »Ich tue etwas«, statt aufzugeben und sich als bequeme Entschuldigung einzureden: »Ich schaffe es ja doch nicht.« Es gibt keinen, aber auch wirklich keinen Grund dafür.
Denn:

- Sie können Ihr Ziel erreichen, gleichgültig, welche Schulbildung Sie besitzen.
- Es ist unerheblich, wie alt Sie sind. Selbst wenn Sie 70 sind und sich noch ein paar Jährchen geben, wird es Ihnen eine Riesenfreude machen, diese Zeit dazu genützt zu haben, aus dem Leben noch ein bißchen mehr zu machen.

Also: Was soll Ihrem Erfolg im Wege stehen? Höchstens die Ausrede: »Leider habe ich überhaupt keine Zeit, mich mit diesen Anleitungen zu beschäftigen. Ich bin ja so wahnsinnig beschäftigt.«

Diese Ausrede ist allerdings tatsächlich Ihr größter, Ihr hinterhältigster Feind. Sie ist ein Feind, der in Ihnen selbst sitzt.

Es ist ganz und gar unmöglich, nicht täglich eine halbe Stunde Zeit zu finden, um sich zwei, drei Wochen lang mit dieser Anleitung zu beschäftigen. Sie sind höchstens zu bequem dazu. Sie haben Zeit.

Denken Sie doch einmal darüber nach, wie viele halbe Stunden Sie an diesem heutigen Tag mit Dingen zugebracht haben, die nicht für Sie wichtig waren, sondern ausschließlich für andere.

Ehrlich: Wie viele halbe Stunden waren es? Dort fünf Minuten, hier zehn Minuten. Da mußten Sie warten und hätten die Zeit nützen können.

Darüber müssen Sie sich ganz allein Rechenschaft ablegen. Sie sind ihr eigener Chef, Ihr eigener Lehrer. Sie müssen sich selbst überprüfen, anspornen, motivieren, Freude bereiten.

Deshalb können Sie auch niemandem die Schuld dafür geben, daß Sie angeblich keine Zeit dafür haben, einige vielleicht für Sie entscheidende Methoden zur Abwehr von Manipulationen kennenzulernen und einzuüben.

Denken Sie darüber nach, ehe Sie weiterlesen.

*

Lassen Sie uns also zu Methode Nummer drei kommen. Wir haben sie »Die Autoritätsmethode« genannt.

Unsere Welt ist voll von Autoritäten und Leuten, die so tun, als wären sie Autoritäten. Viele, die keine Autorität besitzen, maßen sich Autorität an.

Warum? Weil sie Autorität brauchen, um sich und andere darüber hinwegzutäuschen, daß sie in Wahrheit nicht das sind, was sie sein möchten.

Es wäre ungewöhnlich, wenn es in Ihrer Umgebung keine solchen Leute gäbe. Vielleicht sind sogar Sie selbst so ein Typ. Im Grunde genommen sind wir ja alle so. Wir alle möchten mehr sein, als wir tatsächlich sind.

Ist das schlimm?

Natürlich nicht. Es sei denn, jemand möchte auf *unsere Kosten* mehr sein, als er ist. Das wäre für uns besonders dann unangenehm, wenn er zum aggressiven Typ der Autoritätsvortäuscher gehört.

Dieser Typ versucht sich selbst ständig dadurch zu erhöhen, daß er andere erniedrigt.

Sie kennen das ja: Er läßt Ihnen spüren, wie dumm und unfähig Sie sind, um sich selbst als der Besserwisser, der große Zampano aufzuspielen.

Ein Großteil der Kritik von Vorgesetzten an ihren Untergebenen dient nur diesem Zweck. Die Vorgesetzten wollen damit den Untergebenen signalisieren, daß sie eben die »Autorität« sind und die anderen nur die Untergebenen.

Im Prinzip ist es völlig gleichgültig, ob Sie Vorgesetzter oder Untergebener sind, denn es gibt keinen Vorgesetzten, der nicht irgendwo über sich auch einen Vorgesetzten oder Konkurrenten hätte.

Nehmen Sie also jetzt Ihre Liste der Menschen Ihrer Umwelt zur Hand und streichen Sie jene an, die sich auf die hier beschriebene Weise verhalten.

Damit kennen Sie vorerst einmal Ihre Gegner.

Diesen Gegnern haben Sie von jetzt an eines voraus: Sie durchschauen ihre Methode.

Denken Sie noch ein wenig darüber nach.

Schreiben Sie die Namen dieser Leute in Ihrem Arbeitsbuch auf eine leere Seite und denken Sie darüber nach, wann und wie die hier beschriebene Methode gegen Sie eingesetzt wurde.

Mit welchem Erfolg?

Wissen Sie noch, wie Sie sich in diesen Situationen verhalten haben?

Waren Sie arglos, oder waren Sie nur zu gutmütig, um sich zur Wehr zu setzen?

Hatten Sie Angst?

Wovor hatten Sie Angst?

Wovor hatten Sie konkret Angst?

War es eine berechtigte Angst oder ließen Sie sich nur vom anderen Angst einjagen?

Denken Sie darüber nach. Machen Sie sich Notizen. Studieren Sie Ihre Gegner, gegen die Sie sich in Zukunft zur Wehr setzen wollen.

Von morgen an.

Gehen Sie von dem Standpunkt aus: »Niemand ist mehr als ich!«

Dieser Satz mag ein wenig abgedroschen klingen. Aber so selbstverständlich die Aussage ist, so erstaunlich ist es, daß nur wenige Menschen ihr Leben danach orientieren.

Sie lassen sich bluffen und unterwerfen sich Scheinautoritäten nur deshalb ohne Gegenwehr, weil sie sich von vornherein einreden: »Gegen den kann ich ja nicht an. Was der hat, was der kann – und die Stellung, die er innehat . . .«

Die Voraussetzung dafür, sich gegen jede Art von Manipulation erfolgreich zur Wehr zu setzen, ist: Wir dürfen uns nicht von vornherein zum Verlierer stempeln.

Ich bin ich. Und das ist viel.

Schließlich hat jeder nur dieses »Ich«, was immer er im Laufe der Zeit daraus gemacht hat.

Was viele Menschen daraus gemacht haben, ist in Wahrheit nichts anderes als ein Titel, ein Posten, ein »Ruf«, eine unter Umständen wackelige Machtposition, von der er morgen schon gestürzt werden kann.

Nur weil jemand als mehr *erscheint* als Sie, muß er noch nicht mehr *sein.* Ihnen erscheint er von Ihrem Standpunkt aus betrachtet vielleicht als groß und mächtig. Aber schon für den Nächstmächtigen ist er auch nichts anderes als ein Untergebener.

Messen Sie also die Menschen um sich herum nach dem einfachen Maßstab: »Ich bin ich und er ist er – nicht mehr und nicht weniger.«

Gehen Sie davon aus, daß niemand mehr ist als Sie. Sie brauchen ihn also nicht zu fürchten. Selbst wenn er Macht über sie besitzt, bleibt er auch immer nur ein Mensch. Empfänglich gegen geschickte Taktiken, mit denen Sie sich gegen seine Manipulationen wehren können.

Dies also zur Frage der richtigen Einstellung.

Haben wir nicht recht damit?

Ist das übertrieben, was wir hier behaupten?

Bilden Sie sich ihre eigene Meinung dazu und schreiben Sie diese in Ihr Arbeitsbuch.

Es gibt viele Techniken, sich gegen die Manipulation durch Einsatz von Autorität zu wehren. Hier sind drei, die Sie ausprobieren sollten:

Erste Technik

Antworten Sie auf jede Kritik ernsthaft mit: »Jawohl, Sie haben recht.«

Sie haben richtig gelesen: Egal, ob die Kritik berechtigt ist oder nicht, schauen Sie den aus seiner erhabenen Autoritätsposition auf Sie herunterblickenden Gegner treuherzig an und sagen Sie: »Jawohl, Sie haben völlig recht.«

Vermutlich plustern Sie sich jetzt ganz empört auf und denken: »Aber ... ich kann doch nicht ... ich lasse mir doch nicht gefallen ...« oder so ähnlich. Sie denken daran, daß Sie sich selbstverständlich gegen jede ungerechte Kritik entschieden wehren müssen.

Müssen Sie das?

Tatsache ist, daß die meisten Kritiken ungerecht sind. Ganz zu schweigen davon, daß Kritik in vielen Fällen sinnlos ist.

Kritik erweckt Widerstand.

Der Gegner, der uns kritisiert, braucht diesen Widerstand, damit er ihn brechen und dadurch seine Autorität unter Beweis stellen kann.

Wenn Sie sich also dagegen verwahren, wenn Sie sich aufblasen und auf Gerechtigkeit pochen, sind Sie damit bereits das Opfer seiner Manipulation. Wenn Sie aber seinem Autoritätsbedürfnis den Wind aus den Segeln nehmen, indem Sie ihm recht geben – dann manipulieren *Sie* ihn.

Sie bieten ihm keinen Grund, auf Sie wütend zu werden. Im Gegenteil, Sie besänftigen ihn. Sie lullen ihn ein.

Dadurch wird er anfällig für das, was *Sie* von *ihm* wollen.

Ist das Ihrer Absicht nicht dienlicher als eine Konfrontation, in der Sie nichts gewinnen können, außer vielleicht »recht« zu behalten. Und das nur, wenn Sie Glück haben.

Zweite Technik

Sagen Sie Ihrem Gegner offen die Meinung und lächeln Sie dabei freundlich.

Auch dieser Vorschlag wird Sie vermutlich verblüffen. Weil er Ihnen ungewohnt erscheint.

Das ist er auch.

Aus einem ganz einfachen Grund: Wenn Sie einem Gegner, der Sie jahrelang zu seinem Vorteil manipuliert hat, mit Abwehrmaßnahmen kommen, die jedermann kennt und durchschaut, haben Sie keine Chance auf Erfolg.

Also müssen Sie ihn überraschen. Die Technik besteht aus zwei Teilen:

- Sagen Sie dem Gegner Ihre Meinung.
- Lächeln Sie dabei.

Wissen Sie, warum so viele »Autoritäten« so ungeniert ihre Autorität gegenüber anderen Leuten ausspielen können?

Nur deshalb, weil sich diese anderen Leute alles gefallen lassen. Sie erwidern nichts. Sie schlucken ihren Ärger, ihre Meinung hinunter und resignieren in Selbstmitleid.

Sie konfrontieren die »Autorität« nicht mit der Realität und mit einer anderen Meinung als ihrer eigenen. Das macht die »Autorität« immer arroganter und fordernder.

Wer immer nur passiv die Unterdrückung durch einen anderen hinnimmt, kann seine Situation niemals verändern. Das kann er nur, wenn er aktiv wird.

Wenn also die eine Aktivität darin besteht, dem Kritiker »Jawohl, Sie haben recht« zu sagen, dann sollte die nächste sein, ihm in aller Ruhe die Meinung zu sagen.

Das signalisiert ihm: »So einfach lasse ich mich nicht von dir manipulieren. Ich bin auch wer. Ich habe eine Meinung, und ich getraue sie mir zu sagen.«

Es wird ihm imponieren, daß Sie dabei nicht die Kontrolle über sich verlieren, sondern ganz cool und freundlich bleiben.

Er wird sich also Ihnen gegenüber keine Blöße geben wollen.

Wenn er wütend wird und durchdreht und Sie weiterhin freundlich bleiben, dann haben Sie ihn manipuliert und nicht er Sie.

Das ist schon ein großer Erfolg für Sie.

Dann sind Sie ihm in diesem Punkt überlegen. Er wird Respekt vor Ihnen haben. Auch wenn er es nicht zugibt.

Dritte Technik

Gehen Sie einer Behauptung beharrlich auf den Grund und lassen Sie sich nicht abwimmeln.

Menschen, die es gewohnt sind, andere kraft ihrer Autorität manipulieren zu können, sind es meistens nicht gewohnt, daß ihre Behauptungen auf ihren Tatsachengehalt überprüft werden.

Tatsächlich kann niemand immer wieder so ungestraft lügen wie »Autoritäten«. Sie haben recht, weil sie »Autoritäten« sind. Die Autorität gibt ihnen recht – wenn wir es zulassen.

Wie z. B. sollte ein Patient einen Facharzt für Nierenerkrankungen überprüfen? Welcher Patient versteht schon etwas davon?

Welcher normale Autofahrer kann schon beurteilen, ob ihm die »Autorität« Mechaniker ein Teil zu Recht ausgetauscht hat?

Muß man den »Autoritäten« also glauben, was sie sagen?

Wenn wir uns entschlossen haben, uns nicht von Leuten manipulieren zu lassen, die ihre Autorität dazu benützen, dann können wir folgendes tun:

Wir gehen einer Behauptung beharrlich auf den Grund. Wir denken nicht: »Es paßt mir zwar nicht, aber was soll ich tun? Er wird schon recht haben, er versteht ja mehr davon als ich.« Sondern wir stellen Fragen. Etwa:

- »Warum machen Sie das so?«
- »Welche anderen Möglichkeiten gibt es?«
- »Können Sie mir garantieren, daß das, was Sie tun wollen, tatsächlich das Richtige ist?«
- »Welche Erfahrungen gibt es?«
- »Kann ich das Teil haben, das Sie in meinem Auto ausgetauscht haben? Ich möchte es mitnehmen.«

Und so weiter.

Autoritäten bringen meistens ihre Argumente ganz bewußt so vor, als wären sie absolut, als wären sie »die Wahrheit«. Ist Ihnen das schon aufgefallen?

Sie wollen keine Fragen, und sie wissen genau, warum.

Deshalb sollten Sie ihnen Fragen stellen, um ihnen immer wieder zu signalisieren: »Bei mir mußt du dich schon anstrengen, wenn du mir etwas einreden willst. Deine Autorität allein genügt mir nicht. Ich gehe der Sache auf den Grund.«

Gehen Sie der Sache tatsächlich auf den Grund. Fragen Sie, und überprüfen Sie Behauptungen. Konfrontieren Sie den Gegner mit dem Ergebnis.

Lassen Sie sich nicht abwimmeln. Nicht mit Ihrer Meinung, nicht, wenn Sie eine »Autorität« mit einer falschen Behauptung konfrontieren wollen, mit der Sie geblufft werden sollten.

Sie werden sehen: Wenn Sie die hier angeregten drei Techniken ein-, zweimal einer »Autorität« gegenüber angewandt haben, wird sich ihr Verhalten Ihnen gegenüber schlagartig ändern.

Nicht mehr Sie brauchen die Autorität zu fürchten. Die Autorität fürchtet Sie.

Zumindest wird man Sie respektieren.

Und Sie können in Ihrem Arbeitsbuch notieren: »Wieder stärkt eine praktische Erfahrung mein Selbstbewußtsein.«

Siebente Lektion

Lassen Sie sich von heute an nicht mehr durch die Quantität einer Botschaft täuschen. Gehen Sie vielmehr ihrer Qualität auf den Grund. Wehren Sie sich gegen die Methode des beharrlichen Wiederholens.

Dabei hilft Ihnen ein Prinzip, das Sie so lange einüben sollten, bis es ein selbstverständlicher Bestandteil bei der Beurteilung Ihrer Mitwelt geworden ist.

Dieses Prinzip lautet: »Alles hat zwei Seiten. Wo ist die andere?«

Fällen Sie Ihre Entscheidung erst, wenn Sie diese Frage zufriedenstellend beantworten können.

Wenn Sie in den vergangenen Tagen nach Leuten Ausschau hielten, die Sie mit Hilfe ihrer Autorität zu manipulieren versuchten, könnte es sein, daß Sie keinem einzigen begegnet sind. Wie das so ist, wenn man etwas ganz Bestimmtes herbeiwünscht.

Lassen Sie sich nicht entmutigen.

Wichtig ist vor allem, daß Sie verstanden haben, worum es in der vorangegangenen Lektion ging. Es ging darum, aufmerksam gegenüber einem ganz bestimmten Menschentyp zu werden.

Die Welt ist voll von Bluffern und Wichtigtuern, von Leuten, die mit allen Mitteln um die Erhaltung ihrer Position, ihres guten Rufs oder ihres Postens kämpfen. Jedes Mittel ist ihnen dabei recht.

Diese Leute brauchen jemanden, der auf ihre Autoritätsmethode hereinfällt. Der sich von Titel, Bluff und versteckten Drohungen einschüchtern läßt.

Richtig ist sicherlich: Wer seine Autorität der Mitwelt gegenüber ausspielen muß, tut es meistens aus Angst und Schwäche. Er braucht die imponierende äußere Form, um zu verbergen, wie schwach er in Wahrheit ist.

Das sollten wir wissen, wenn wir uns dagegen zur Wehr setzen wollen, von diesem Typ manipuliert zu werden. Er tritt in vielen Arten auf: als Kollege, als Ehefrau oder Ehemann, auch als Kind, als Lehrer, Arzt, Polizist, Bürokrat.

Wenn Sie aufmerksam suchen, werden Sie ihn bald an vielen Orten entdecken. Sie müssen nur bewußt nach ihm suchen. Denn es kann durchaus sein, daß Sie sich schon daran gewöhnt haben, sich solchen »Autoritäten« ganz automatisch zu unterwerfen.

Hier ist das Beispiel einer Hausfrau und Mutter:

Sie hatte an einem Seminar für »Manipulationsabwehr« der Lebensschule teilgenommen. Ein Jahr später kam sie zu einem Wochenendseminar, bei dem die Erfahrungen ausgetauscht wurden, die Teilnehmer in der Zwischenzeit gemacht hatten. Die erwähnte Hausfrau erzählte eine bemerkenswerte Geschichte. Sie hatte einen damals sechzehn Jahre alten Sohn, den sie all die Jahre über mehr verwöhnt hatte, als es gut war.

Die Mutter wußte das. Aber als es ihr unerträglich geworden war, fand sie keinen Weg mehr zurück. Dem Sohn gefiel es natürlich, daß seine Mutter ihm keinen Wunsch abschlagen konnte und sich für ihn abrackerte. Es gefiel ihm nicht nur, er nützte es mit der unbekümmerten Brutalität vieler junger Leute weidlich aus.

Die Mutter litt darunter. Sie war in das Lebensschule-Seminar gekommen, um dort über ihr Problem zu reden und vielleicht eine Lösung zu finden.

Als sie wieder nach Hause fuhr, war sie fest entschlossen, sich von ihrem Jungen nicht mehr ausnützen zu lassen. Sie liebte ihn nicht weniger als vorher, aber sie war sich auch klar darüber, daß es an der Zeit war, mehr an sich selbst zu denken als an ihr verwöhntes Kind.

So kam es also eines Tages zur Konfrontation, bei der die Mutter ihrem Jungen ein für allemale signalisieren wollte, wo die Grenze war, bis zu der sie bereit war, sich manipulieren zu lassen.

Der Junge sollte für drei Wochen in ein Dorf fahren, um dort an einem Ferienlager teilzunehmen.

Am Abend vor der Abreise hatte ihm die Mutter gesagt: »Du mußt morgen früh um sieben Uhr aufste-

hen und zum Bahnhof. Ich würde dir raten, am Abend deinen Koffer zu packen und bald schlafen zu gehen, damit du fit bist.«
Der Junge lachte nur. Er sagte: »Aber Mutti, das machst du doch für mich.«
Die Mutter sagte: »Nein, mein Junge. Du fährst weg, nicht ich. Also mußt auch du zusehen, daß du alles beisammen hast, was du brauchst.«
Aber der Junge konnte nicht glauben, daß seine Mutter nicht mehr bereit sein würde, die Verantwortung für etwas zu übernehmen, was ganz allein seine Sache war. Er ging von zu Hause fort und kam spätabends zurück.
Am nächsten Tag weckte ihn die Mutter um halb sechs Uhr früh. Sie sagte: »Du hast deinen Koffer noch nicht gepackt, mein Junge. In einer Stunde mußt du aus dem Haus, also solltest du ganz schnell machen.«
Er drehte sich zur Seite und meinte, er würde das schon alles hinkriegen. In Wahrheit meinte er natürlich, seine Mutter würde alles hinkriegen.
Aber diesmal hatte er sich geirrt.
Die Mutter ging wieder zu Bett. Dort versuchte sie, in einem Buch zu lesen. Es gelang ihr natürlich nicht. Sie litt Höllenqualen, weil sie wußte, daß ihr Junge den Zug versäumen würde. Manchmal war sie drauf und dran aufzuspringen, den Koffer zu packen und sich abzuhetzen, wie sie das in den vergangenen Jahren immer wieder gemacht hatte.
Diesesmal aber blieb sie hart. Sie würde sich nicht mehr hetzen, damit ihr Junge nachher hämisch sagen konnte: »Aber Mutti, was machst du für ein Theater, wir haben es ja geschafft.«

Kurz und gut, als sich der Sohn endlich bequemte, aus dem Bett zu steigen, konnte er gar nicht fassen, daß sein Koffer nicht gepackt, sein Anzug nicht bereitgelegt und die Mutter nicht in heller Aufregung war.

Er stürmte in ihr Zimmer und fragte, was denn los sei. Sie sagte ganz ruhig, wie sie es sich vorgenommen hatte: »Was soll denn los sein? Du willst wegfahren und hast noch genau zehn Minuten Zeit, deinen Koffer zu packen und zum Bahnhof zu fahren.«

Hektisch begann er, in der Wohnung herumzuirren. Er war völlig aus dem Häuschen. Er schimpfte auf die Mutter, er schimpfte auf die ganze verdammte Welt, die ihn, den armen Teufel, so im Stiche ließ. Schließlich hockte er sich weinend auf den Boden und konnte sich vor Schluchzen kaum mehr fassen. Natürlich versäumte er den Zug.

Als er sich damit abgefunden hatte, sagte ihm seine Mutter in aller Ruhe: »Von heute an, mein Sohn, wirst du selbst für alles, was du tust, die Verantwortung übernehmen.« Dann erklärte sie ihm freundlich, aber bestimmt, wie sie sich zukünftig das Zusammenleben vorstellte.

Fast alle Methoden der Manipulation, von denen in dieser Anleitung bisher die Rede war, waren hier im Spiel:

- Der Versuch, die Verantwortung zu delegieren, die man selbst übernehmen sollte.
- Der Versuch der Überrumpelung im letzten Augenblick, wo es darauf ankam, wer die besseren Nerven haben würde.
- Selbst die Autoritätsmanipulation war dabei. Denn der Sohn fühlte sich bereits seiner Mutter

gegenüber als »Autorität«. Er bluffte und schaffte an. Er schmeichelte und nützte sie aus, weil er ganz genau wußte, sie würde nachgeben.

Ähnliche Beispiele findet man in ungezählten Variationen in Millionen von Familien, in Büros, Ämtern, unter Kollegen und Ehepartnern.

Wir haben Ihnen die Geschichte erzählt, um Sie anzuregen, darüber nachzudenken. Auch als Ermutigung, selbst eine konsequente Entscheidung konsequent zu verwirklichen – falls es notwendig sein sollte, eine jahrelang gegen Sie ausgeübte Manipulation ein für allemal zu verhindern.

*

Kommen wir nun zur vierten Manipulationsmethode. Der Methode der beharrlichen Wiederholung. Sie kennen diese Methode. Sie wird in der Werbung angewandt und in der Politik. Sie ist Bestandteil jeder gezielten Beeinflussung. Sie besteht darin, daß man Ihnen immer wieder eine bestimmte Botschaft suggeriert. Stereotyp oder in Variationen. So lange, bis Sie den Inhalt oder vielleicht auch eine damit verbundene Vorstellung unbewußt aufnehmen. Unbewußt heißt: Sie denken gar nicht mehr darüber nach, Sie überprüfen die Botschaft nicht mehr. Genauso ungeprüft geben Sie dem Impuls nach, diese Botschaft zu befolgen.

Wenn Sie im Fernsehen dreißigmal an dreißig verschiedenen Tagen hörten und demonstriert bekamen, daß das Produkt »X« das Beste sei und daß *man* es besitzen muß, weil es neu, modern und kostengünstig ist, dann werden Sie in einem Geschäft, in dem Ihnen fünf verschiedene Marken dieser Produktart zur Auswahl stehen, unbewußt nach der einen greifen, die Ihnen seit langem unbewußt vertraut ist.

Da wissen Sie ja, daß sie gut ist. Man hat es Ihnen so oft glaubhaft gesagt, daß Sie keinen Grund mehr zum Zweifeln sehen.

Sie wurden durch die Quantität der Botschaft, durch ihre stetige Wiederholung, manipuliert.

Es wurde Ihnen dadurch Vertrautheit suggeriert. So lange, bis Ihre Entscheidung nicht mehr über Ihre kritische Denkfähigkeit lief, sondern instinktiv über das Unterbewußtsein.

Welche Möglichkeit gibt es, sich dieser Form der Manipulation zu entziehen?

Zunächst ist es auch hier eine Frage des Wissens.

Sie wissen jetzt, wie diese Methode funktionieren kann. Studieren Sie sie in den nächsten Tagen ganz bewußt. Machen Sie sich die Methode der Wiederholungswerbung bewußt: im Fernsehen, im Radio, auf Plakaten, in Zeitungsinseraten.

Schulen Sie Ihr Urteilsvermögen für das, was dahintersteckt, wenn jemand Sie immer wieder der gleichen Botschaft aussetzt.

Werden Sie sensibel für die Einseitigkeit solcher Botschaften. Werden Sie sich bewußt, daß nichts nur gut ist und überhaupt keine Fehler hat.

Werden Sie sich darüber klar, daß jemand, der Ihnen etwas »verkaufen« will, nur daran interessiert ist, daß Sie das Beste darüber denken. Er will Sie durch das immer wiederkehrende Aufzählen der Vorzüge darüber hinwegtäuschen, daß es auch Nachteile gibt.

Als wirkungsvolle Abwehr gegen diese Methode schlagen wir Ihnen das Prinzip vor: »Alles hat zwei Seiten, wo ist die andere?« Fällen Sie Ihre Entscheidung erst, wenn Sie diese Frage zufriedenstellend beantworten können.

Viele von uns weichen dieser Fragestellung ganz bewußt und ängstlich aus. Sie möchten etwas besitzen und sind ganz wild darauf, es zu bekommen.

Diese Ungeduld macht sie blind gegenüber Alternativen, die vielleicht hundertmal günstiger sind.

Deshalb ist es wichtig, daß Sie sich ganz klar dafür entscheiden, unter allen Umständen die »andere« Seite zu prüfen.

Diese andere Seite kann bedeuten:

- Daß Sie diese Sache in Wahrheit überhaupt nicht brauchen. Man hat Ihnen den Bedarf nur eingeredet.

- Daß es weitere drei, vier, fünf Produkte dieser Art gibt, die möglicherweise billiger sind, weil dafür keine aufwendige Werbung getrieben wird.
- Daß der Nutzen, den das Angebot verspricht, für Sie gar nicht rentabel ist. Denn wenn Sie an jedem Tag nur eine einzige Scheibe Brot von einem Laib abschneiden, rentiert sich die Anschaffung einer Brotschneidemaschine nicht.

Schreiben Sie also jetzt die Abwehrmethode vier in Ihr Arbeitsbuch. Sie lautet: »Alles hat zwei Seiten, wo ist die andere?«

Fügen Sie sinngemäß hinzu: Von heute an fälle ich Entscheidungen über Angebote erst, wenn ich diese »andere« Seite, wenn ich alle mir zugänglichen Alternativen geprüft und nach der für mich besten Lösung gesucht habe.

Es kann durchaus sein, daß Sie trotzdem zum ersten Angebot zurückgreifen, weil es Ihnen tatsächlich am besten erscheint. Es kann auch sein, daß Sie einen Monat später merken, daß Sie trotz allen Prüfens irregeführt wurden.

Das ist nicht schlimm. Denn Sie waren nicht tatenlos. Sie waren aktiv. Sie haben Abwehrmaßnahmen gesetzt. Aber der Gegner war eben geschickter.

Sie können lernen.

Schulen Sie also Ihren Blick für die Wiederholungsmanipulation. Nicht nur im Fernsehen und im Radio. Auch innerhalb Ihrer Familie, bei Kollegen, bei Nachbarn, Freunden und Verwandten.

Glauben Sie es nicht arglos, wenn zwei Kollegen innerhalb kurzer Zeit bei verschiedenen Anlässen voneinander getrennt beiläufig erwähnen, der »Y« sei in Schwierigkeiten, und man dürfe ihm nicht mehr so recht trauen.

Das Gerücht, die Intrige, das Untergraben der Glaubwürdigkeit eines Menschen durch andere werden häufig mit der Methode der ständigen Wiederholung einer abwertenden Botschaft vorangetrieben.

Erkennen Sie diese Möglichkeit.

Lassen Sie sich die einseitige Information nicht als »Wahrheit« einreden. Überprüfen Sie die »andere« Seite.

Am besten, Sie tun es beim Betroffenen.

Sie werden sehen: Dadurch wird das Leben für Sie viel einfacher. Die Probleme lösen sich auf, bevor sie noch zur Belastung geworden sind.

Sie sparen Zeit, Energie, Ärger.

Und Sie werden sicher und stark.

Achte Lektion

Beschäftigen Sie sich jetzt einige Tage lang intensiv damit, die Gefahren der Methode des Vergleichens zu studieren, mit der man uns immer wieder manipuliert.

Es gibt dagegen eine Abwehrtechnik, die Sie schon kennen. Sie wirkt garantiert, wenn sie konsequent ausgeführt wird. Sie lautet:

- *»Verzichten Sie ohne Bedauern auf alles, bei dem der Vorteil für Sie geringer ist als der Nachteil.«*

Wenn Sie den bisherigen Lektionen dieser Anleitung einigermaßen aufmerksam gefolgt sind, werden Sie sicherlich erkannt haben, daß wir versuchen, Ihnen jede Abwehrmaßnahme gegen Manipulation in zwei Schritten nahezubringen:

1. Indem wir Ihnen erklären, wie sie funktioniert, und Sie anregen, darüber nachzudenken, Mitmenschen in Ihrem Verhalten Ihnen gegenüber zu beobachten und sich Manipulationen bewußt zu machen.
2. Indem wir Sie auf Techniken hinweisen, diese manipulativen Angriffe abzuwehren. Die Voraussetzung dafür, solche Techniken anzuwenden, sind zweifacher Art. Zuerst müssen Sie davon über-

zeugt sein, daß eine Technik für Sie richtig ist, und daß Sie sich damit auch identifizieren können und wollen. Wenn das zutrifft, sollten Sie die Technik immer wieder anwenden und einüben.

In der vorangegangenen Lektion lernten Sie die Manipulationsmethode der ständigen Wiederholung kennen.

Im Grunde genommen ist das nichts anderes als das Einüben von Verhaltensweisen. Allerdings von Verhaltensweisen, die andere sich zu ihrem Vorteil ausgedacht haben. Damit Sie sich allmählich daran gewöhnen, was diese anderen von Ihnen erwarten.

Selbstverständlich kann der Vorteil der anderen auch Ihr eigener Vorteil sein.

Wenn Ihr Arbeitgeber Sie dazu bringt, Ihr ganzes Können, Ihre Kreativität und Ihre Energie für den Erfolg seiner Sache einzusetzen, dann werden vermutlich auch Sie davon profitieren.

Wenn er von Ihnen Opfer verlangt, weil er sonst seinen Betrieb zusperren und Sie entlassen müßte, dann können Sie durchaus zu dem Schluß kommen: »Lieber verdiene ich weniger, als daß ich überhaupt keinen Job mehr habe.«

Unser ganzes Leben ist schließlich ein dauerndes Bemühen um vorteilhafte Kompromisse.

Um *vorteilhafte* Kompromisse.

Genau das ist es, was wir uns bewußt machen sollten: Wie man lernt, Kompromisse zu machen, bei denen unser Vorteil die Nachteile aufwiegt.

Das können wir nur, wenn wir erkennen, wer uns auf welche Weise zu unserem Nachteil zu einem Kompromiß überreden, also manipulieren will.

Wer die Methoden kennt, wer gelernt hat, wachsam zu sein und durch eigene Techniken selbstbewußt seine Interessen wahrzunehmen, wird zweifellos die besseren Chancen haben, einen Manipulationsversuch erfolgreich abzuwehren.

Die hier erwähnten Fähigkeiten sind im Laufe der Zeit bei den meisten von uns verkümmert. Nach der Methode der ständigen Wiederholung hat man uns eingeredet:

- »Sei gehorsam und ordne dich unter, die Obrigkeit und die Vorgesetzten sorgen für dein Wohl.«
- »Bringe geduldig Opfer für andere Leute, denn irgendwie wird das für dich zum Vorteil sein.«
- »Sei immer lieb und nett zu den Mitmenschen, sonst mag man dich nicht. Es ist wichtig, daß du bei allen Menschen beliebt bist und etwas giltst.«

Jahrelang hat man uns von allen Seiten solche Prinzipien suggeriert, bis wir anfingen, sie automatisch zu befolgen. Wenn wir es nicht taten, machten sich Schuldgefühle bemerkbar. Diese Schuldgefühle wieder machten uns unsicher. In unserer Unsicherheit wandten wir uns dann an die Verbreiter dieser Prinzipien um Schutz und Hilfe.

Sie halfen uns gerne in unserer Hilflosigkeit und zeigten uns den »richtigen« Weg. Natürlich war es ein Weg, der vorwiegend für sie der richtige war.

Das ist der Lauf des allgegenwärtigen manipulativen Spiels, mit dem wir ein Leben lang beeinflußt und erzogen werden.

Das Prinzip der Wiederholung spielt dabei eine ganz wichtige Rolle. Wir werden ständig ermuntert, das zu befolgen, was man uns als »richtig« dargestellt hat. Wir sollen es so lange tun, bis es zu einem Bestandteil unseres Denkens und Handelns geworden ist, den wir nie wieder in Zweifel stellen.

Auf diese Weise werden seit eh und je Millionen von Menschen überall manipuliert und dazu veranlaßt, wie in Trance das zu befolgen, was die geschickten Massenmanipulanten von ihnen erwarten.

Stimmt das nicht?

Gilt das nicht für jede Ideologie, für jede »Bewegung«, für jeden »Ismus«, jede Religion und jede Strömung? Und sei es nur, daß möglichst viele Menschen veranlaßt werden sollen, zu joggen, Aerobic zu betreiben oder »den Gürtel enger zu schnallen«.

Die permanente Manipulation funktioniert am besten, wenn die Menschen, die manipuliert werden sollen, das Verhalten, das man ihnen suggeriert hat, automatisieren.

Wenn Sie es so lange eingeübt haben, bis es zur Selbstverständlichkeit geworden ist.

Verstehen Sie, was wir meinen? Verstehen Sie die umfassende Wirkung und Methodik der permanenten Manipulation, die in unserem Leben eine entscheidende Bedeutung hat?

Wir möchten, daß Sie es verstehen. Denn die Manipulation in Ihrem kleinen, persönlichen Lebensbereich ist im Grunde genommen nur eine Projektion der großen Manipulation, die auf allen Ebenen des Zusammenlebens wirksam ist.

Aber kehren wir zurück zu den Abwehrtechniken. Diesmal zur achten und letzten, die Ihnen helfen soll, sich dagegen zu wehren, mit der Methode des Vergleichens manipuliert zu werden.

Die Methode des Vergleichens besteht darin, daß Sie jemand auffordert:

- Es doch einem anderen gleich zu machen.
- Besser zu sein als jemand anderer.
- Sich der Norm entsprechend zu verhalten.

Jemand will also, daß Sie sich mehr anstrengen, um etwas zu erreichen, an dem er irgendein Interesse hat. Sehr oft fügt er scheinheilig hinzu: »Ich habe ja nichts davon, aber es ist wirklich nur zu deinem Besten.«

Aber wenn es nur zu Ihrem Besten ist, warum setzt er sich dann so sehr dafür ein, daß Sie etwas tun, was Sie ohne ihn vielleicht gar nicht getan hätten? Jedenfalls drängt er Sie.

Das Instrument, dessen er sich bedient, ist Ihr Ehrgeiz.

Darauf baut er seine Manipulation auf.

Man hat uns eingelernt, daß wir immer gut und immer besser sein müssen, um im Leben etwas zu gelten. Und wenn wir uns diesem Maßstab des Wettbewerbs unterwerfen, werden wir automatisch damit erpreßbar.

Das gleiche gilt für das Nachahmungsbedürfnis. Wir wollen nicht aus der Reihe tanzen, sondern suchen Schutz in der Gleichheit mit anderen.

Wenn wir das tun, was alle anderen tun, fallen wir nicht auf, ecken wir nicht an, sind wir in Sicherheit.

Auch das haben wir gelernt.

Und auch damit werden wir manipulierbar.

Die Botschaft dafür lautet: »Alle tragen es, kaufen es, glauben es, tun das. Und wenn alle es tun, dann ist es auch für dich das Beste.«

Unendlich viele Menschen fühlen sich dabei wohl, dieser Botschaft zu folgen und das zu tun, was viele andere auch tun.

Heute ist es eine bestimmte Mode. Morgen ist es eine andere. Übermorgen ist es eine bestimmte Farbe, ein bestimmtes Denken und Verhalten.

Wer aus dieser Verhaltensweise ausbrechen will, um immer mehr so zu leben, wie er als einzelner mit seinen ganz persönlichen Wünschen und Fähigkeiten glücklich ist, der muß darangehen, bisherige Gewohnheiten durch neue Verhaltensformen zu ersetzen.

Er muß sie einüben.

Dabei sollte er sich darüber im klaren sein: Er muß verzichten lernen.

Wenn er in seinem Leben verwirklichen will, was er für sich als richtig erkennt, muß er vielleicht darauf verzichten, daß man von ihm sagt, er sei ein netter, freundlicher Mensch, der es immer allen Leuten recht machen will.

Wenn wir lernen, auf das zu verzichten, was anderen mehr Nachteil bringt als uns selbst, werden wir uns damit bei allen jenen Mitmenschen unbeliebt machen, die auf unsere Kosten für sich Vorteile erwarten.

Wir leben in einer Zeit, in der eine der Botschaften, die man uns permanent suggeriert, lautet: »Du kannst alles haben, strenge dich nur wirklich an.«

Wer dieser Botschaft folgt, wird ein leichtes Opfer seiner unersättlichen Gier. Er glaubt tatsächlich, er müsse alles haben, was andere auch haben.

Dieses Bedürfnis treibt ihn zu Überleistungen, die seine Möglichkeiten bald übersteigen.

Er gerät so sehr unter Leistungszwang, daß er keine Zeit und Kraft mehr hat, das Ergebnis seiner Leistung auch zu konsumieren und dabei glücklich zu sein.

Wer sein Verhalten nach der Devise orientiert: »Verzichte ohne Bedauern auf alles, bei dem die Vorteile nicht die Nachteile überwiegen«, begibt sich auf den Weg individueller Lebensführung.

Diesen Weg muß er einüben. Er muß:

1. erkennen, wann er manipuliert werden soll,
2. abwägen: »Wo ist mein Vorteil, wo ist mein Nachteil?«
3. entscheiden: »Ich lasse mich nicht manipulieren, sondern gehe meinen eigenen Weg.«
4. den manipulativen Angriff abwehren,
5. sich klar darüber sein, daß es keinen Sinn hat, dem nachzutrauern, worauf wir verzichtet haben, weil wir nicht alles haben können.

Versuchen Sie, diesen Ablauf in den nächsten Tagen einzuüben.

Wann immer jemand Sie anheizen, aufreizen, anregen, verführen will, überlegen Sie: »Was will er, was gewinnt er dadurch, was bringt es mir?«

Machen Sie sich sensibel für die Manipulationsformeln des Vergleichens. Einige davon kennen Sie bereits. Hier sind solche Formeln.

- »Sei doch ein Mann und laß dir das nicht gefallen.«
- »Du könntest genauso viel verdienen wie der Y, wenn du nur wolltest.«
- »Sei doch nicht so langweilig. Sei doch kein solcher Stubenhocker.« Wer uns das sagt, will meistens unsere Gesellschaft bei einem Vorhaben, bei dem er sich allein langweilen würde.
- »Benimm dich doch anständig.«
- »Sie sollten mehr aus sich machen – ich gebe Ihnen die Chance dazu.«

Alle diese alltäglichen Bemerkungen zielen nur auf eins ab: Sie sollen uns zu Handlungen anregen, die der *andere* für richtig hält. Er möchte, daß wir uns »anständig« benehmen, damit er sich nicht für uns genieren muß. Er bietet uns eine Chance an, um daraus für sich Vorteile zu ziehen. Vorteile, die durchaus für uns auch von Vorteil sein können. Ob das der Fall ist oder nicht, das allerdings sollten *wir* nach unseren Maßstäben ganz bewußt überprüfen.

Wer uns zu Leistungen anspornen will, bringt sehr oft den Neid ins Spiel.

Der Neid auf jemanden, der mehr hat als wir, verursacht in den meisten Fällen aggressive Verhaltensformen. Vor allem dann, wenn es anderen gelingt, uns einzureden, es sei ungerecht, daß jemand mehr hat als wir und wir müßten uns einen Teil davon holen.

Wer gelernt hat zu sagen: »Ich verzichte, weil ich erkenne, daß es für mich mehr Nachteile als Vorteile hat«, kann durch die Neidbotschaft nicht zu aggressiven Handlungen verleitet werden.

Wenn Sie also die in dieser letzten Lektion vorgeschlagene Technik zur Manipulationsabwehr einüben, vergessen Sie nicht, daß das wirkungsvollste Instrument gegen den Leistungsvergleich die Bereitschaft zu verzichten ist.

Einige Hinweise, ehe Sie diesen Band zur Seite legen

Sie sind jetzt am Ende dieser Anleitung angelangt.

Wir hoffen, es ist uns gelungen, Sie zum selbständigen Weitermachen anzuregen. Von Ihnen allein hängt es ab, was Sie aus dem machen, was wir Ihnen zu vermitteln versuchten.

Es mag sein, daß Sie nur einige wenige dieser Ideen aufgegriffen haben. Oder Sie haben es nicht geschafft, auch nur eine einzige der vorgeschlagenen Techniken in die Tat umzusetzen.

Es sollte Sie nicht beunruhigen. Sagen Sie sich nicht: »Ich bin zu blöd dazu, ich schaffe es nicht.«

Es kann durchaus der Fall sein, daß Sie sich beim Studium dieses Bandes der Lebensschule etwas angeeignet haben, das genauso wichtig ist: Das Verständnis für das Problem »Manipulation«. Dieses Bewußtsein muß vielleicht einige Zeit lang in Ihnen schlummern, damit eines Tages ganz von selbst das Bedürfnis erwacht, Aktionen zu setzen.

Abschließend möchten wir Sie noch einmal an einige Zusammenhänge erinnern:

1.

Wer nicht mehr bereit ist, vorwiegend das zu tun, was andere Leute ihm einreden, muß nach alternativen Verhaltensweisen suchen. Er muß seine Einstellung zum Leben und zu den Mitmenschen ändern.

2.

Wer sein eigenes Leben leben will, muß seine eigenen Vorstellungen konsequent gegen die Bemühungen seiner Mitwelt verteidigen, ihm ihre Absichten aufzuzwingen. Natürlich erfordert dies Kompromißbereitschaft. Aber es sollten möglichst wenige Kompromisse zum eigenen Nachteil sein.

3.

Wer seine eigenen Vorstellungen im Leben durchsetzen will, muß dies vorwiegend gegen die Vorstellungen seiner Mitwelt tun. Er muß sich also für ein egoistisches Denken entscheiden. Denn niemand kann es gleichzeitig allen anderen und dabei auch sich selbst recht machen.

4.

Es ist bequemer, das zu tun, was alle anderen auch tun und im Massenverhalten Schutz zu suchen. Seine eigenen Lebensvorstellungen durchzusetzen ist mühevoller. Aber es befriedigt ungleich mehr.

5.

Es genügt nicht, wenn wir uns nur »ein bißchen« gegen die Manipulationen der Mitwelt zur Wehr setzen. Es bringt auch nur ein bißchen Glück.

6.

Wenn wir uns heute dazu entscheiden, in unserem Leben einige Dinge zu ändern, unter denen wir schon seit Jahren leiden, dürfen wir nicht schon morgen einen durchschlagenden Erfolg erwarten. Was uns jahrelang eingelernt wurde, braucht auch genügend Zeit, bis es durch Alternativen ersetzt werden kann.

Bei Ihrem Bemühen wünschen wir Ihnen viel Erfolg.

Kirschners Lebensschule
Wege zu einer neuen Partnerschaft
mit sich selbst

So plant man sein Leben richtig

Neun Schritte zu einem selbstbewußten Leben

104 Seiten. Mit 32seitigem Arbeitsheft
Disziplin und der vernünftige Einsatz der Energien sind die notwendigen Voraussetzungen für jeden, der seine Ziele erreichen will. Daß dies leichter realisierbar ist, als viele glauben, beweist dieses Buch.

So lernt man, sich selbst zu lenken

Sechs einfache Techniken, sein Leben zu ändern

96 Seiten. Mit 32seitigem Arbeitsheft
Man kann nicht jemand anders die Verantwortung für sein eigenes Leben auferlegen. Josef Kirschner bietet gangbare Wege zu einem erfüllten Leben, zu dem Ziel, ein freier, autonomer Mensch zu werden – durch Selbsthilfe.

So hat man mehr Spaß am Sex

Die sieben praktischen Regeln, wie man das Liebesspiel spielt, ohne viel darüber zu reden

105 Seiten. Mit 32seitigem Arbeitsheft
Sexualität ist ein wesentlicher Bestandteil der Liebe und der Liebesfähigkeit. Aber Sexualität ist auch mit unendlich vielen Tabus belastet. Dieser Band hilft, die eigenen Wünsche und Erwartungen zu definieren und Ängste zu überwinden.